LA POSVERDAD A DEBATE

— *Colección Comunicación y Filosofía* —

La posverdad a debate

Editores

Lucia Ballesteros-Aguayo
Manuel Bermúdez Vázquez

Autores
(por orden de aparición)

José Carlos Ruiz Sánchez
Julio Otero Santamaría
Javier-Eladio Guzmán Villanueva
Manuel Bermúdez Vázquez
Elena Casares Landauro
Inés Méndez Majuelos
Sandra Pérez Castañeda

EGREGIUS
ediciones

LA POSVERDAD A DEBATE

Ediciones Egregius
www.egregius.es

Diseño de cubierta e interior: Francisco Anaya Benitez

© Los autores

1ª Edición. 2019

ISBN 978-84-17270-88-9

ÍNDICE

Dos actitudes impelen al ser humano al conocimiento: la curiosidad y la admiración, las mismas que Aristóteles precisaba en el origen de la filosofía. Y desde entonces, todo el pensamiento occidental se lanzó a la búsqueda de explicaciones capaces de satisfacer el ansia intelectual característica de las mentes más inquietas por encontrar las verdaderas razones que subyacen tras los fenómenos naturales, más allá de las explicaciones fabulosas basadas en mitos y dioses con las que el curioso se manejaba en una etapa prefilosófica anterior.

Y desde entonces también, muchos han sido los esfuerzos por deslindar las explicaciones basadas en las supersticiones de aquéllas que, aunque en sus inicios se redujeran a tímidos esfuerzos para resolver problemas prácticos, fueron convirtiéndose con el paso del tiempo y la perseverancia de los más avezados, en sólidos argumentos racionales de difícil refutación. Baste con pensar la distancia que separa el primitivo racionalismo naturalista de Tales de Mileto por demostrar el origen de todo basándose únicamente en la observación, de las demostraciones más sofisticadas de la paradoja de Rusell o el álgebra de Boole.

Si la historia del pensamiento ha avanzado a pasos agigantados se lo debemos, sin lugar a dudas, a los que nunca se resignaron a aceptar un conocimiento acrítico y pusieron bajo sospecha el acervo cultural, pasándolo por el tamiz de la razón.

Recurrir a la razón es pues el requisito indispensable para el desarrollo de las capacidades humanas. Pero la razón se expresa en el discurso y se transmite de generación en generación, de ahí que debamos deslindar cuidadosamente la tradición que culmina en verdaderos conocimientos de la estéril, transitoria e infructuosa transmisión de errores, o, lo que es peor, de errores con apariencia de verdad -hacer fuerte el argumento débil, dirán los sofistas-, porque lo grave es que en nuestras sociedades avanzadas el desarrollo de los medios técnicos difusores de gran cantidad de información en un brevísimo espacio temporal, favorece su aceptación acrítica e irreflexiva.

Vivimos en la era de la posverdad en las que simples opiniones se imponen como verdades absolutas sin disponer claramente de las herramientas indispensables para dirimir los grandes dilemas que nos plantea un mundo tecnificado, globalizado e hipercomunicado. Es por ello por lo que le ofrecemos al lector este interesante monográfico como el resultado que investigadores de diversas nacionalidades, instituciones investigadoras y universidades han llevado a cabo, a fin de someter la verdad a debate. Comenzamos nuestra andadura con el análisis de José Carlos Ruiz Sánchez de la Universidad de Córdoba en el que nos muestra su cautela a la hora de aceptar ciegamente muchas de las verdades que se difunden desde los mecanismos del poder, pues lo hacen utilizando la emoción como el elemento vertebrador de su difusión, lo que conduce a crear un caudal de noticias basadas en posverdades favorables a sustentar el poder. Superarla requiere el uso del pensamiento crítico como medida cautelar a la hora de su completa aceptación.

También es posible crear estereotipos que favorezcan el odio hacia determinados colectivos si utilizamos noticias falsas, o parcialmente verdaderas. El estudio de casos arroja interesantes conclusiones acerca de la función de los medios de información y divulgativos como portadores de estereotipos, prejuicios y noticias falsas –las *fakes news* son expresiones de la posverdad–, tal es el caso que ha llevado a cabo Julio Otero Santamaría de la Universidad de Sevilla, en el que pone en juego "la interpretación de Serbia como culpable de los conflictos de los Balcanes" a partir de las noticias falsas o sesgadas difundidas por los medios de comunicación.

Lógicamente eso sucede si utilizamos una retórica no argumentativa, por lo que Javier-Eladio Guzmán Villanueva de la Universidad de Córdoba propone establecer una clara diferencia entre una Retórica con fines espúreos e interesados -más propia de la persuasión que de la argumentación y proclive a la aparición de posverdad- de una Retórica argumentativa que se utiliza como herramienta útil para desmontar la falsedad.

Manuel Bermúdez Vázquez y Elena Casares Landauro de la Universidad de Córdoba reparan en la necesidad de llevar a cabo una reflexión crítica a propósito de la libertad -que consideran hoy imprescindible- al estar "sometida a numerosos vaivenes analíticos, a fuertes presiones políticas" y a una sociedad fuertemente consumista. Así, desde el análisis de diversos ejemplos, proponen subvertir la, mal llamada "sociedad de la información" -que a su juicio conduce a una aporía-, por una sociedad en la que pueda ejercerse la libertad, superando sus amenazas.

Finalmente y como resultado de todo lo expuesto, estudiar la incidencia de la posverdad en procesos judiciales pudiendo incluso llegar a socavar el Estado de Derecho es lo que aborda el trabajo riguroso del estudio de casos de Inés Méndez Majuelos y Sandra Pérez Castañeda de la Universidad de Sevilla y de la Universidad de Granada respectivamente, donde además abordancon minuciosidad "el análisis de la naturaleza de la posverdad" con objeto de desvincularla de la verdad y de la opinión.

Con todo ello estamos convencidos de que el monográfico que el lector tiene en sus manos contribuirá decididamente a crear el debate que el individuo actual requiere y que el desarrollo global exige.

Lucia Ballesteros-Aguayo
Universidad de Sevilla

Manuel Bermúdez Vázquez
Universidad de Córdoba

CAPÍTULO I

POSVERDAD, ESCEPTICISMO Y PENSAMIENTO CRÍTICO: EL CICLO DE LA VIDA PÚBLICA

Dr. José Carlos Ruiz Sánchez
Universidad de Córdoba

Resumen

La posverdad no sólo está acaparando el sector de los medios de comunicación, sino que parece tomar forma bajo una aparente ideología hipermoderna. Los llamamientos a la emoción y el amparo en las creencias están invadiendo la filosofía de vida no sólo en el mundo virtual y en las redes sociales, sino también en elementos tan vitales para el equilibrio mundial como las elecciones estadounidenses. Pero no es un fenómeno nuevo, la vida pública siempre ha sabido que las masas sociales se manejan mejor a través de la emoción, basta recordad el "Pan y Circo" de Roma o "La rebelión de las masas" de Ortega y Gasset.

Para no caer de nuevo en la posverdad es necesario implementar una serie de mecanismos de control social basados en las enseñanzas clásicas de los escépticos, pero actualizándolas a los nuevos tiempos hipermodernos dominados por la inmediatez, lo instantáneo o la ligereza.

Haremos una propuesta metodológica centrada en el buen uso del pensamiento crítico de cara a poder luchar contra los mecanismos de la posverdad. Implementaremos un proceso educativo centrado en la potenciación y desarrollo de las habilidades que hasta día de hoy nos han convertido en la especie dominadora del planeta y que están directamente relacionadas con el desarrollo de la Filosofía.

Palabras Clave

Posverdad, escepticismo, pensamiento crítico, duda, emoción.

1. Introducción

Estamos asistiendo impávidos a la implantación de una nueva metodología de control de la opinión pública en forma de noticias sensacionalistas. Otrora el adjetivo sensacionalista tenía connotaciones negativas, estaba preñado de prejuicios que dejaban bien claro que la parte emocional de la noticia era siempre la menos fiable y se acudía a ellas con bastante recelo. Pero con la llegada en tromba de internet y la multiplicación exponencial de una información accesible en cualquier momento y desde cualquier lugar, encontramos que los criterios por parte de la audiencia han sido modificados en breves periodos de tiempo. De repente la parte emocional del ser humano ha empezado a potenciarse desde múltiples canales. Existe una especie de "fabulación" social que se dirige a fortalecer la parte emocional del ser humano en deterioro de la parte racional y las denominadas "fakes news" son un ejemplo de un problema aún mayor, la posverdad, que está siendo empoderada por esta entronización de la parte emocional del ser humano. Desde múltiples ámbitos se está prestando especial atención a lo que ahora se denomina la "sensibilidad" de los colectivos, el lenguaje se está teledirigiendo en pos de una terminología más emocional y menos racional. Un claro ejemplo de esta nueva potenciación del lenguaje emocional lo encontramos en la implantación de los emoticonos que por medio del dibujo, del símbolo, de la percepción visual, provocan un acceso inmediato a la parte emocional en detrimento de la racional. Los emoticonos son la suma de dos palabras emoción+icono y parece que han llegado para quedarse. Si bien son un instrumento de comunicación que favorece el proceso comunicativo por medio de símbolos que acuden a la interpretación emocional de las intenciones del emisor, sin embargo limitan el trabajo de expresión y razonamiento verbal a la hora de enunciar con palabras un mensaje. Los emoticonos forman parte de este entramado social encaminado a ir potenciando el lado emocional del ser humano que cada vez se acompaña más de elementos visuales. No en vano, estamos en lo que Lipovetsky ha denominado "la era de la Omnipantalla" (Lipovetsky, 2009) y el elemento visual se está apoderando poco a poco del ente social.

2. Educando para la posverdad: la mayéutica socrática.

Pero de todos los elementos que se confabulan en torno al imperio de las emociones quizá el más preocupante sea el de la Educación. En los últimos años, si me apuran en la última década, el mundo pedagógico ha visto cómo las nuevas tecnologías y sobre todo el acceso del conocimiento por medio de Internet, ha empezado a ganar peso en los procesos educativos de tal modo que la hegemonía del saber, la posesión de los conocimientos, está sufriendo un trasvase importante del docente y de los libros de texto hacia internet. La referencia como fuente del saber que eran los profesores se debilita y el papel del maestro parece tener que redefinirse. Desde 1946, con la publicación del libro "El cuidado de su hijo", del Dr. Spock (Spock, 1997), comienza una tendencia pedagógica centrada en las inquietudes e intereses del niño. Tal y como Doval Salgado apunta, nos hemos decantado por la opción "educere" frente a "educare" (Salgado, 1979) señalando el giro copernicano más importante que ha cambiado el perfil de la pedagogía. La segunda opción, educare, (instruir, formar, conducir,...) ha sido el paradigma formativo antes de la revolución educativa actual. Ponía el foco en el profesor, que era el encargado de conducir y guiar al alumno suministrándole lo necesario para su camino. Parte de una concepción epistemológica empirista en la que el sujeto nace sin apenas conocimientos, cual "tabula rasa" de Locke (Locke, 2005). Esta concepción presuponía que el sujeto no podía conducirse en plenitud de manera autónoma. De este modo, el alumno tenía dependencia del educador y del entorno que actuaban unidos en pos de formar a un ciudadano inter-dependiente. En esta concepción los pilares sobre los que se apoyaba el sistema educativo eran externos al propio sujeto, profesores, padres, medios de comunicación, ...

Pero si nos decantamos por la primera acepción, educere (ex ducere) el acento se pone en el sujeto a educar y se considera una labor de extracción desde el propio sujeto, un "sacar desde dentro" del propio alumno en la búsqueda del desarrollo de su potencialidad. En torno a esta metodología han estado girando las nuevas pedagogías y las leyes educativas de los últimos tiempos. Como justificante epistemológico se ha usado de manera demagógica la metodología socrática de la mayéutica, pero no podemos obviar que Sócrates empleaba esta metodología con jóvenes que ya habían tenido una formación inicial bajo el amparo de la pedagogía "educere". En el diálogo "Teeteto" (Platón, 1990) Sócrates considera que la educación es una labor de extracción del conocimiento, al igual que lo hacía su madre cuando asistía como matrona en los partos, de ahí que la mayéutica (dar a luz) aplicada a la pedagogía ponga el foco de atención en el sujeto que es el sujeto central.

Lo que no deja de ser interesante es que en este tipo de pedagogía paido-centrista socrática frente la pedagogía clásica, el propio Sócrates no lograra salir victorioso de una acusación que desde su punto de vista, en la "Apología" (Platón, 1990), era una mala interpretación sobre su labor por parte del pueblo de Grecia. Es probable que Sócrates estuviese a favor de la democracia, si bien no todas las fuentes no apuntan a este dato. Pero el modelo de enseñanza que defendía tenía como base el diálogo sin pretensiones de imposición, sino más bien de búsqueda. Tal y como expone Ramis analizando esta cuestión. "*Sócrates era un demócrata convencido. Los autores que se suman a este postulado... ven como factores democráticos el que Sócrates considerase el diálogo con hombre de toda clase como medio para llegar a la verdad, la identificación de la justicia con la ley que aparece en el "Criton"*. (Ramis, 2005).

Esta defensa de la democratización es la que, en algunos ámbitos se traslada al proceso educativo cuando dentro de la familia o incluso en las propias aulas a los niños se les otorga la posibilidad de tomar decisiones a través del voto, igualando su capacidad analítica y de conocimientos con la de los adultos. De manera que al no tener una base educativa sólida la capacidad de cribar, de separar, de analizar críticamente se va debilitando puesto que no existe una guía educativa rígida que les obligue a saber utilizar los elementos necesarios para usar el pensamiento crítico de manera adecuada.

En la Apología (Platón, 1997) se cuenta que Sócrates no logró salir victorioso en el juicio que lo sentencia a muerte tras la denuncia de Meleto, Nicón y Anito que lo acusaron de corromper a los jóvenes y no creer en los dioses de la ciudad. Es paradójico que el juicio contra Sócrates representase dos estilos pedagógicos distintos. Por una parte Anito, un ciudadano honorable de convicciones fuertes que pensaba que apostaba por la tradición, por el modelo de aprendizaje social que había logrado que Atenas llegase a ser la ciudad referente de Grecia, y por otra un Sócrates que ponía ante todo la libertad del individuo y el uso de su razón por encima de cualquier otro bien. Citando a Gómez Robledo: "*La tragedia del proceso de Sócrates radica en que Anito, el principal acusador era un ciudadano perfectamente honorable y tan leal a sus convicciones como Sócrates a las suyas... Se enfrentaban no dos individuos sino dos mundos antagónicos, el de la razón y la libertad del individuo representado por Sócrates frente a la tradición y El estado... con Anito como representante*" (Ortega, 2007). El profesor Ortega, asumiendo la interpretación de Burnet sobre el problema de fondo (Burnet, 1954), mantiene que la conducta de Sócrates era un peligro para la seguridad del Estado, ya que según sus acusadores atentaba contra los fundamentos morales y religiosos de Atenas. Sócrates se defiende justificando que la acusación se basaba en mentiras (Fake news) y así nos lo comenta Ortega: "*Lo único que Sócrates puede hacer contra esto es negar rotundamente que él se dedique a esas investigaciones o a enseñar como los sofistas*" (Ortega, 2007).

Lo que Anito defendía por aquel entonces es una llamada al miedo y al peligro de romper la estabilidad del estado si dejaba que Sócrates saliera victorioso de su labor. Ya por aquel entonces se sabía que los llamamientos a las emociones más primarias, tales como el miedo, eran elementos esenciales con los que se podía contar si se quería controlar a una masa irreflexiva. Pero la sociedad hasta entonces era educada y confinada a la sabiduría de sus gobernantes asamblearios y había prosperado, pero en este modelo de pensamiento, apenas se sometía a duda ninguna de las prerrogativas que la asamblea llevaba a cabo. Por el contrario, el modelo socrático suponía un cuestionamiento en torno lo establecido, una puesta en marcha del mecanismo de la duda de cara a plantarle cara a las "verdades establecidas" por las jerarquías.

3. El miedo

A lo largo de la historia muchos han sido los filósofos que han analizado este imperio de lo emocional sobre lo racional e incluso han defendido la necesidad de educar en el uso de las "fakes news" de cara a controlar la población.

Si usamos referentes históricos de este uso del lado emocional para controlar la población podemos comenzar centrándonos en La Biblia, donde los poderosos (en esta caso Dios) usan el miedo como elemento de control social. De modo que Adán y Eva llegan a convertirse en espectadores de su propia vida a través del mecanismo del miedo que los controla, así lo expone en su último libro Core cuando nos dice: *"Rara vez se nota, pero el miedo es la primera emoción experimentada por un personaje de la Biblia... ¿Por qué miedo? Quizá porque para los autores de la Biblia el miedo es la más eléctrica de las emociones... su cuestionable conocimiento del mal los convierte en espectadores de sus propias vidas, cuanto mucho en actores semiconscientes."* (Core, 2018).

Casado y Colomo en su breve recorrido sobre la concepción de las emociones en la filosofía occidental destacan la importancia que San Agustín le otorga a la parte emocional en conjunción con la voluntad señalando sus palabras en La Ciudad de Dios cuando el santo afirma: *"La voluntad se halla en todos los movimientos del alma ... ¿Qué son la codicia y la alegría sino consciente voluntad por las cosas deseadas? ¿Y qué otra cosa sino la voluntad que rechaza las cosas no queridas, el miedo y la tristeza? (...) la voluntad humana, ora atraída, ora rechazante, se cambia y se transforma en esta o en aquella emoción."* (Casado y Colomo). A fin de cuentas ya en la antigüedad se tenía claro que para modificar la voluntad de una persona nada más eficaz que el llamamiento a la emoción por encima del uso del razonamiento. No es el único pensador que defiende que las emociones son las que imperan a la hora de tener que actuar. Hobbes, en el "Leviatán" (Hobbes, 1999) defiende que las emociones son los principios que no se pueden percibir, pero que son la base del movimiento del cuerpo humano y que, según Casado y Colomo, preceden a las acciones visibles. Este preceder lo define como "tendencia", que son los deseos o apetitos, o bien aversiones respecto a los objetos que la producen. Para Hobbes las emociones que provocan el deleite fortalecen la moción vital y controla la conducta del hombre. Poco después será el filósofo Spinoza, el que defienda la existencia de 3 emociones primarias; el deseo, la alegría y el dolor, siendo la alegría la manifestación consciente de haberse perfeccionado y el dolor será la manifestación de la perfección (Spinoza, 1984).

Sin embargo, si tenemos que destacar a pensadores relevantes que hayan puesto el acento en el papel del miedo y su relación con la política éstos son Hobbes y Maquiavelo. Como destaca José Antonio Marina en su "Anatomía del miedo" hablando sobre ellos: *"ambos coincidían en una cosa, a saber, que el miedo es la emoción política más potente y necesaria, la gran educadora de una humanidad indómita y poco de fiar. Es terrible que el pueblo pierda el miedo, advertía Spinoza cauteloso"* (Marina, 2015)

Pero quizá Maquiavelo sea el mejor exponente encubierto de la posverdad al separar de manera tan nítida la política de la ética. Con su tratado, "El Príncipe", llegó a justificar que cualquier operación, decisión, propaganda, acción,... que el gobernante tuviera que realizar de cara a conseguir o conservar el poder está siempre justificada y así, en el capítulo XVII (De la crueldad y la clemencia; y si es mejor ser amado que temido, o ser temido que ser amado) termina alegando lo siguiente: *"Volviendo a la cuestión de ser amado o temido, concluyo que como el amor depende de la voluntad de los hombres y el temer de la voluntad del príncipe, un príncipe prudente debe apoyarse en lo suyo y no en lo ajeno, pero como he dicho, tratando siempre de evitar el odio"* (Maquiavelo, 1999).

Extrapolando esta instrumentalización del miedo al siglo XXI, la posverdad ha logrado un efecto lateral de esta idea maquiavélica. Los políticos han sabido instrumentalizar los miedos contemporáneos para colar mensajes emocionales que se convierten en posverdades logrando el efecto de bloqueo racional que se pretendía. Siendo así, la base para mantener a la población sumisa en torno a unos intereses concretos, es tan sencillo como sembrar miedo por doquier y después propagarlo a la velocidad de la luz usando los nuevos modelos de comunicación. Si tenemos en cuenta que una parte importante del control social viene por incrementar la emoción del miedo en la población no es de extrañar que en el siglo XXI en el que internet posibilita el acceso a cualquier tipo de información de manera indiscriminada, la posverdad se haya hecho más poderosa que nunca.

4. El pensamiento Crítico

Pero la orientación que ha ido tomando el proceso educativo en el desarrollo de los planes educativos ha ido primando la innovación pedagógica en lo referente a la educación emocional frente al trabajo sereno y lento de educar en el pensamiento crítico. Solo basta destacar el aumento de carga lectiva en la docencia de asignaturas denominadas instrumentales en detrimento de la Filosofía. A esto se le suma la introducción de la pedagogía y la psicología como oráculos consultivos a la hora de elaborar las leyes educativas, de manera que no es de extrañar que en las últimas décadas se haya potenciado la faceta psico-emocional de la formación educativa en detrimento de la racional. Tal es así que se llega a hablar de una pedagogía fluida: "*El futuro de la educación está contenido en un racimo de palabras, que a veces parecen completamente vacías, pero que expresan una intuición común que pueden dirigir la políticas educativas: aprendizaje para toda la vida, flexibilidad, creatividad, habilidades de pensamiento de alto orden, colaboración, experiencia distribuida, organizaciones de aprendizaje, innovación, alfabetización tecnológica.*" Scardamalia, M. (2002)

En lo referente a la evolución de la epistemología pedagógica es reseñable el cambio de paradigma educativo que se está perpetrando desde finales del siglo XX y que tiene como fondo la educación de las emociones. Esta nueva epistemología pedagógica se centra en el avance de la investigación científica en lo referente a lo que se está denominando neuro-educación. La educación emocional se ha convertido en una fuente común de trabajo para cualquier sistema educativo que quiera presentarse como innovador. La neuro-educación ha unido dos campos que hasta el momento estaban inconexos, la neurociencia y el estudio del cerebro por una parte, y la pedagogía por otra. Según las palabras de Francisco Mora: "*La neuro-educación trata, con la ayuda de la neurociencia, de encontrar vías a través de la cuales poder aplicar en el aula los conocimiento que ya se poseen sobre los procesos cerebrales de la emoción, la curiosidad y la atención, y cómo estos procesos se entienden y con ellos se abren esas puertas al conocimiento a través de los mecanismos de aprendizaje y memoria.*" (Mora, 2013). Se ha podido corroborar científicamente algo que ya se sabía en el argot popular y es que los procesos de aprendizaje son mejores cuando el alumno se encuentra feliz. De ahí que muchas de las metodologías pedagógicas contemporáneas partan de buscar el bienestar emocional del infante para comenzar los procesos educativos. Pero se olvida que el trabajo que versa en torno a la educación del pensamiento suele estar apartado del placer emocional inmediato, y por lo tanto éste queda relegado a un segundo plano insistiéndose en la educación de la emociones.

5. La duda

Si queremos que la posverdad pierda terreno es necesario recuperar una educación crítica que reeduque a la población a saber dudar adecuadamente. En este sentido, una de las herramientas más importantes para poder evitar que la posverdad se potencia es la duda. Es un instrumento que nos servirá para combatir de manera directa los mensajes extremistas, las medias verdades, la apelación a las creencias irreflexivas,... y que puede trabajarse desde cualquier proceso educativo. Lo que no deja de ser paradójico es que sabemos que la duda es ahora más necesaria que nunca pero nos vemos cada vez más "desganados" y desamparados para ponerla en práctica, en palabras de Victoria Camps: *"no consigamos hacer nada de lo que decimos que habría que hacer: diálogo, buenas maneras, escuchar al otro, paciencia y razonamiento. Anteponer la duda a la reacción visceral (...) la actitud dubitativa no como una parálisis de la acción, que también puede llegar a serlo, sino como un ejercicio de reflexión, de ponderar los pros y los contras cuando las vísceras están a flor de piel."* (Camps, 2016) Pero no logramos poner en práctica este sano ejercicio. Probablemente porque poner en marcha el mecanismo de la duda, tal y como Camps defiende, tiene ciertas connotaciones negativas para el siglo XXI. Una es el reconocimiento de la ignorancia. Dudar es reconocer o bien que no estás seguro, o bien que no sabes, y en una sociedad que tiene el conocimiento al alcance de un clic la humildad que se le debería suponer a la ignorancia no existe.

Junto a esta problemática en torno al reconocimiento de la ignorancia en la era donde la egolatría ha encontrado un espacio para desarrollarse, entiéndase internet, el segundo elemento que obstaculiza el sano ejercicio de la duda es la turbo-temporalidad unida a la perspectiva. Dudar requiere tiempo, tiempo para poder reflexionar sobre los temas que estamos analizando. Tiempo que dedicamos a acudir a otros muchos estímulos más apetecibles en lugar de centrarlo en la duda.

El profesor Concheiro ha dado una de las claves de la nueva temporalidad que estamos experimentado y que consta de una entronización del "instante" en lugar de potenciar el desarrollo temporal pausado (Concheiro, 2016). Este modo de entender el factor tiempo como elemento de consumo instantáneo es otro de los problemas con los que tenemos que lidiar si queremos insertar en el individuo el sano ejercicio de la duda.

Y junto a esta inclinación por ocupar el tiempo en acciones más estimulantes en lugar de dudar nos encontramos con la necesidad de trabajar el problema de la perspectiva. Dudar también implica tomar distancia de uno mismo y tratar de situarse en otros puntos de vista, hacer el ejercicio de "empatizar intelectualmente" de cara a lograr una comprensión global del asunto tratado. Y esto supone abandonar lo que Lipovetsky ha denominado el "hiper-individualismo" (Lipovetsky, 1983)

Precisamente esta dificultad a la hora de hacer un ejercicio de empatía intelectual en el otro está expandiendo una actitud radical en nuestra sociedad que está allanando el camino a la posverdad: el maniqueísmo. Estamos asistiendo a un intento de simplificación del mundo, probablemente como salida a este exceso de información y a la carga de hiper-actividad que estamos experimentando. Profundizar a fondo en cualquier cuestión, teniendo en cuenta que cada vez existe más información sobre cualquier asunto, puede ser un proceso muy largo. De modo que estamos empezando a experimentar un reduccionismo que se acerca más al fanatismo que a un intento honesto de simplificar la "ecuación" de los problemas existentes. Los asuntos empiezan a reducirse a dos posiciones, o conmigo o contra mi, o verdadero o falso, o bueno o malo, o justo o injusto, de derechas o de izquierdas,... el maniqueísmo termina imponiendo su manera de actuar y eliminando los términos medios, intentando reducir las cuestionas a dos polos que facilitan a las personas un camino para la búsqueda de su identidad. A nivel de pensamiento y análisis las cosas no pueden ser diferentes, sometidos al imperio de una sociedad que huye de lo pesado, tal y como Lipovetsky ha definido, estamos en la sociedad de la ligereza: *"Jamás hemos vivido en un mundo material tan ligero, fluido y móvil"* (Lipovetsky, 2015) y que se encuentra mucho más cómodo cuando se ve obligado a definirse en torno a dos posturas.

6. Conclusión

La posverdad, tal y como la hemos analizado, no es un fenómeno nuevo de la sociedad contemporánea. A lo largo de la historia, los líderes siempre han sabido que los eslóganes dirigidos a la parte emocional del ser humano eran el instrumento más eficaz para convencer a las masas. Pero sin embargo, la introducción del paradigma de internet ha provocado que se potencien una serie de resortes que han ayudado a que la posverdad se ponga de moda hasta el extremo de potenciarse como nunca antes lo había hecho. Los llamamientos a una educación emocional, a una pedagogía de la ligereza frente a la aspereza y el esfuerzo que suponen pensar y analizar metódicamente, la turbotemporalidad que todo lo invade en el imperio del instante y la perdida de la duda como factor determinante para comenzar un proceso inquisidor sobre la información que recibimos, han dejado el campo abierto para que la posverdad encuentre campo abierto para expandirse de manera cómoda.

Si queremos que la posverdad retroceda de esta expansión aparentemente imparable tendremos que replantearnos la implantación del pensamiento crítico como proceso educativo desde edades tempranas. Habría que revisar las nuevas pedagogías de la inmediatez que priorizan el aprendizaje emocional frente al racional y tendríamos que dotar a la población de una nueva organización mental y social del factor Tiempo de cara a que los procesos de análisis racional sean los ejes vertebradores desde los que construir una sociedad analítica.

Bibliografía

Burnet, J. (1954).Plato's Eutyphro, Apolgy of Socrates and Crito, Oxford, Oxford University Press.

Camps, V. (2016) Elogio de la duda. Arpa. Barcelona.

Corey. R. (2018). El miedo: historia de una idea política. Mexíco, Fondo de Cultura Económica. P.5.

Casado, C. Colomo, R. (2006). "Un breve recorrido por la concepción de las emociones en la filosofía occidental" A parte rei, Revista de Filosofía, VL.47, Septiembre del 2006.

Concheiro, L. (2016). Contra el tiempo. Barcelona. Anagrama.

Doval S.L. (1979). "Acercamiento etimológico al término educación" Revista española de pedagogía, vol. 37, nº 146, pp 115-122.

Hobbes, T. (1999) Leviatán, Madrid, Alianza.

Lipovestsky, G. (2015). De la Légèretè. Grasset.

Lipovestsky, G. (1983). La era del vacío. Barcelona. Anagrama.

Lipovetsky, G. (2009). La pantalla global. Anagrama. Barcelona.

Locke, d (2005).Ensayos sobre el entendimiento humano. México, F.C.E.

Maquiavelo, N. El príncipe. El aleph. 1999.

Marina, J.A. (2015) Anatomía del miedo. Anagrama (compactos), Barcelona. 2015.

Mora, F. (2013). Neuroeducación. Madrid, Alianza Editorial.

Ortega, R.Y. ((2007) "Reflexiones a propósito de Sócrates" De Amicitia et doctrina. México, Colegio de México.

Platón, (1990). Teeteto. Anthropos.

Ramis, J.P. (2005). "Reflexiones sobre el transfondo político en el juicio de Sócrates" Atenea, nº491, 2005.pp. 57-69.

Spinoza, B. (1984). Etica, Madrid, Sarpe.

Spock, B. (1997). El cuidado de su hijo.Rothenberg, Pockets Books, 1997.

Scardamalia, M.(2002). "Collective cognitive responsability for the advancement of knowledge" en Liberal education in a knowledge society, vol.97, 2002, pp 67-98.

CAPÍTULO II

SERBIA COMO ENEMIGO DE OCCIENTE. POSVERDAD Y ESTEREOTIPOS EN LA INDUSTRIA CULTURAL

Julio Otero Santamaría
Universidad de Sevilla, España

Resumen

Esta investigación analiza la imagen que la industria cultural proyecta de Serbia y los serbios, en especial en relación a las Guerras Yugoslavas. Mediante un recorrido por algunas producciones, efectuaremos un análisis crítico de la visión que se transmite del pueblo serbio y su implicación en estos enfrentamientos.

Nuestro estudio explica cómo la información sobre Serbia es muy escasa en los principales medios internacionales, casi siempre ligada a noticias negativas que refuerzan el estereotipo del serbio como agresor y la interpretación de Serbia como culpable de los conflictos de los Balcanes.

En relación a la posverdad, expondremos cómo este concepto es en muchas ocasiones una simple descalificación a toda versión que difiera del relato *mainstream* que divulgan los medios de comunicación de masas y la industria cultural de las principales potencias del mundo.

La metodología que hemos elegido incluye elementos propios tanto del análisis cualitativo como del cuantitativo. Con la vista puesta en esbozar los tópicos consolidados en el imaginario colectivo sobre Serbia y los serbios, hemos analizado noticias, documentales, películas, series y noticias en las que, en mayor o menor medida, este país ocupa un lugar protagónico.

Los resultados de nuestro estudio muestran cómo la mayoría de las producciones audiovisuales ofrecen una percepción negativa del pueblo serbio formada, en gran medida, tras las mencionadas contiendas.

Sin embargo, en los últimos años, con la generalización de Internet y el surgimiento de medios internacionales ligados a Rusia, el relato dominante del *establishment* occidental es confrontado por otras versiones de los hechos, las cuales son tildadas de posverdad y propaganda desde los principales gobiernos y conglomerados de comunicación europeos y norteamericanos.

Con este estudio queremos también fomentar el debate sobre el término posverdad y las llamadas noticias falsas. ¿Estamos verdaderamente ante un fenómeno de desinformación masiva o se trata de una descalificación del poder político y mediático contra los discursos y los canales que confrontan el relato dominante?

Palabras claves: Serbia, Industria Cultural, *Storytelling*, Propaganda, Posverdad.

1. Introducción: La industria cultural como arma ideológica

El desarrollo tanto del periodismo como de las artes ha estado ligado desde sus orígenes a la propaganda, es decir, "al conjunto de procedimientos, métodos y técnicas por los cuales se divulga o difunde un mensaje con el objetivo de atraer partidarios o seguidores para su causa o influir en el comportamiento de las personas"[1]. Por encima de la libertad creativa del autor o del disfrute de las clases populares, la cultura ha sido históricamente un arma en manos de los poderes político, religioso y económico para, según Luciano Gruppi (1978), multiplicar su "capacidad de unificar a través de la ideología y de mantener unido un bloque social (...)". Es lo que el filósofo Antonio Gramsci llamaba "hegemonía"[2]. Así, las pirámides de Egipto, la poesía de Horacio, los frescos de la Capilla Sixtina, las obras de teatro de Lope de Vega o las películas de Steven Spielberg forman parte de mecanismos complementarios a la violencia coercitiva para mantener mediante el consenso el orden social establecido.

Precisamente este "poder blando" sobre el que teorizó Joseph Nye (1990) ha jugado, a través de la industria cultural[3], un papel determinante en la victoria del bando capitalista en la Guerra Fría y en la consolidación del Nuevo Orden Mundial que le sucedió, el cual vio en Serbia uno de sus primeros enemigos.

Por muy sofisticados que se presenten en sus formatos tecnológicos, los contenidos que difunde la industria cultural desde el advenimiento de ese Fin de la Historia que alumbrara Francis Fukuyama (1992) continúan respondiendo al modelo del relato tradicional que analizara Roland Barthes (1966). A pesar de los altos niveles educativos de la población del llamado Primer Mundo, la narrativa responde a esquemas maniqueos. En "La Nueva Guerra Fría en la pequeña pantalla. Rusia como enemigo en las series de televisión"[4], (Otero 2017) ya expusimos cómo,

---

[1] Definición de "propaganda" en ConceptoDefinición
https://conceptodefinicion.de/propaganda/

[2] "La supremacía de un grupo social se manifiesta de dos maneras, como dominio y como dirección intelectual y moral". Olivé, Antonio (2012). El concepto de hegemonía en Gramsci.
https://goo.gl/9gSafh

[3] "Las Industrias Culturales son aquellas industrias que combinan la creación, la producción y la comercialización de contenidos creativos, los cuales son intangibles y de naturaleza cultural. (...). Dentro de las industrias culturales por lo general se incluyen industrias como la imprenta, la editorial y la multimedia, la audiovisual, la fonográfica, la [cinematográfica], así como la artesanía y el diseño". UNESCO (1978).

[4] Capítulo del libro "Personalización en la comunicación política: de la técnica a la estrategia". Vázquez, Pablo (2017).

en el marco de "la cultura del miedo"[5], todo sistema necesita identificar un enemigo para mantener el control social. Los estereotipos culturales y la demonización de líderes políticos, recursos ambos basados en prejuicios ideológicos, étnicos y religiosos, cimentan con frecuencia tanto la percepción que las sociedades occidentales tienen de otros pueblos como su interpretación de los conflictos.

Como veremos más adelante, la colisión entre los intereses nacionales serbios y los de las potencias de la OTAN se tradujo en una agresión no sólo económica y militar por parte de éstas, sino también simbólica. Así, en el transcurso de las Guerras Yugoslavas, los serbios entraron en el imaginario colectivo de Occidente como un pueblo violento, atrasado y xenófobo gobernado por dirigentes crueles y autoritarios. En términos políticos eran los primeros enemigos de una nueva era en la que la democracia había vencido al totalitarismo.

Esta narrativa, divulgada a través de diversos canales -fundamentalmente noticias, reportajes y documentales, pero también películas, series y videojuegos- ha terminado fijando una versión sobre la historia reciente de los Balcanes, una preverdad -para nosotros un concepto mucho más real que el de la tan cacareada posverdad- que actúa para el receptor como un decodificador imprescindible (aunque sesgado) de cara a cualquier información relacionada con Serbia y su entorno.

2. Objetivo: Serbia en la industria cultural

El objetivo de este estudio es analizar cómo la República de Serbia (y los estados en los que estuvo integrada), así como los líderes políticos y el pueblo serbio en general (incluidas las minorías repartidas por todos los Balcanes) son tratados en la industria cultural de Occidente. Examinaremos la imagen que los medios de comunicación y el sector del entretenimiento proyectan de la realidad de esta comunidad nacional.

Como objetivos específicos, desgranaremos las causas y la evolución del posicionamiento hostil de los *mass media* en relación a Serbia, reconociendo estereotipos y clichés basados en prejuicios étnicos e intereses ideológicos y económicos.

Todos estos objetivos, tanto los generales como los específicos, pasan en gran medida por deconstruir la versión oficial de las Guerras Yugos-

---

lavas, base de una auténtica Leyenda Negra que, aún en ocasiones aludiendo a hechos reales, contrasta con el civismo, la pluralidad y la multiculturalidad que caracterizan a la sociedad serbia. Se trata -esta última- de una tarea que solo podremos abordar de forma parcial, aunque siempre desde el rigor, la objetividad y el respeto a todas las víctimas.

3. Método: el análisis del discurso

Como adelantamos en el resumen, para elaborar nuestro estudio hemos combinado la metodología cuantitativa con la cualitativa, con preeminencia de esta última. Con el fin de conocer la visión que la industria cultural proyecta sobre Serbia y los serbios hemos buscado y analizado los temas y elementos comunes a los productos de ocio elaborados para el consumo masivo.

En concreto hemos rastreado la red para encontrar y, a la postre, radiografiar el discurso subyacente en noticias, reportajes, documentales, películas, series y videojuegos. Abordando cada campo de la industria cultural por separado trataremos de entender los matices específicos que cada uno de ellos aporta a la visión global que proyectan sobre Serbia.

El nuestro será un estudio hermenéutico en el que interpretaremos diversos textos (en el sentido amplio del término) en busca de una explicación coherente. Con objeto de dar consistencia a nuestras conclusiones, aportaremos tablas de elaboración propia, con las que mostraremos con cifras y porcentajes los temas predominantes en productos de infoentretenimiento en los que Serbia está presente.

En definitiva, hemos elegido un método fundamentalmente cualitativo como el análisis del discurso, pues creemos que es el que más se ajusta a nuestro planteamiento, entre otras razones porque se basa en una "descripción detallada de las estructuras y estrategias de los discursos escritos o hablados, en varios niveles (...)[6]. En esta línea nosotros nos interesaremos en "los procesos y representaciones mentales de la producción y de la comprensión del discurso, y las relaciones de todas esas estructuras con los contextos sociales, políticos, históricos y culturales".

Dentro de esta metodología, nos decantamos más concretamente por el análisis crítico del discurso, que es el que se suele utilizar "desde una perspectiva social, política y crítica, enfocándose sobre la manera en

---

[6] "Análisis del discurso" en Wikipedia
https://es.wikipedia.org/wiki/An%C3%A1lisis_del_discurso

que el discurso se usa y se abusa de él para establecer, legitimar o ejercer -y resistir- el poder y la dominación". Así, coincidimos en que "el análisis del discurso nos permite entender las prácticas discursivas producidas en la sociedad. El discurso más allá de las interacciones sociales entre individuos, puede llegar a ser un arma poderosa, usada en muchos ámbitos como medio de divulgación de información, o como método de persuasión en las masas (...)".

4. Desarrollo

4.1 El relato antiserbio

El mensaje central del relato sobre la disolución de la República Federal Socialista de Yugoslavia (RFSY) es que el auge del nacionalismo serbio asfixió al resto de repúblicas, que se vieron abocadas a independizarse para poder construir sus propios proyectos democráticos, europeístas y de libre mercado. Éstos se toparon con la brutal reacción de la centralista Serbia, que, dirigida por líderes autoritarios y criminales, agredió al resto pueblos con la intención de establecer la Gran Serbia a través de la limpieza étnica e incluso el genocidio.

El relato dominante es profundamente maniqueo[7], como corresponde al esquema simple e incluso infantil del relato clásico al que aludimos anteriormente. Como si de un cuento se tratara, el desmembramiento de Yugoslavia se nos presenta como el viaje de un héroe que retorna victorioso tras peligrosas aventuras: es la lucha de varios pueblos sometidos por su libertad. No faltan elementos característicos como los héroes (el presidente bosnio Izetbegovic y la ciudad de Sarajevo), mártires (la ciudad de Vukovar, los asesinados en Srbrenica...), villanos (Milosevic, Mladic, Karadzic...), hitos (la masacre de Srebrenica, el polémico bombardeo serbobosnio al mercado de Sarajevo...) y una atmósfera de terror (violaciones, campos de concentración...) como marco narrativo.

---

[7] "El problema del maniqueísmo es que no quiere aceptar los datos que no encajan con el esquema preestablecido. Son incontables los hechos que la prensa internacional ha preferido ignorar al contradecir la candorosa imagen del lado bosníaco, o la respetable del lado croata; e innumerables los que se han exagerado cuando se trataba de realzar la imagen satánica de los serbios". Palau, Josep (1996) El espejismo yugoslavo (página 124).

Figura 2: Slobodan Milosevic es "la cara del mal" según la portada de "Newsweek" de abril de 1999.

Ni que decir tiene que nuestra intención no es caer en ese maniqueísmo ni en esa simplificación que denunciamos. Por supuesto que en el bando serbio se cometieron crímenes horribles que condenamos. No negamos que muchos de los hechos que cimentaron el relato fueran reales: criticamos su manipulación para imponer un relato culpabilizador que responde más al pensamiento mágico que al científico. Y es que, más que un relato, las Guerras Yugoslavas se han convertido en un auténtico mito fundacional (el de las distintas repúblicas) en el cual, a su vez, tienen cabida otras historias legendarias y religiosas como la de David contra Goliat[8]. Bronislaw Malinowski explica lo siguiente en "Estudio de psicología primitiva"[9]:

---

[8] Sobre la Guerra de Croacia Arturo Pérez- Reverte defendió en una crónica de televisión lo siguiente: "Simplificando, es como si los vecinos de Pedregal de la Sierra se enfrentarán con los de Arroyo de la Sierra con escopetas de caza y la División Acorazada Brunete tomase partido por uno de ambos bandos. De ese modo la desproporción de fuerzas es aquí abrumadora y en contra de la Guardia Nacional Croata"
https://www.youtube.com/watch?v=MJrJs2v0RAw
[9]"Estudio de psicología primitiva". Malinowski, Bronislaw a través de "Teorías en torno al rito y al mito". Restrepo, Jairo (2014)
https://mitoritocreacion.wordpress.com/tag/malinowski/

El mito cumple en la cultura primitiva una función indispensable: expresa, exalta y codifica las creencias; cuestiona y legitima la moralidad; garantiza la eficiencia del ritual y contiene reglas prácticas para relacionar al hombre". (p. 27)

Como resultado de este relato, los serbios permanecen de forma incuestionable para amplios sectores de la opinión pública como enemigos de Occidente. La repetición de clichés sobre la ruptura de la RFSY y los continuos y variopintos paralelismos con los nazis[10] (expansionismo, limpieza étnica, genocidio...) y los rusos[11] (autoritarismo comunista, bárbaros orientalizantes...) han cristalizado en tópicos y estereotipos, un auténtico sambenito con el que se visten los personajes serbios de la industria cultural.

4.2 Los medios y las Guerras Yugoslavas. Una cobertura parcial

La identificación de Serbia como enemigo de Occidente es bastante reciente. La contribución de esta nación a la victoria de los aliados en la I Guerra Mundial fue admirada en Estados Unidos y, especialmente, en Francia. En comparación con sus vecinos del campo socialista, el discurso de los medios y los gobiernos occidentales fue bastante benévolo con la RFSY de Tito. La serbofobia imperante en el *mainstream* es consecuencia de un discurso construido y difundido por los medios de comunicación durante las Guerras Yugoslavas.

---

[10]Además de un artículo de Mario Vargas Llosa que citaremos más adelante, aconsejamos leer *"Labeling the serbs as nazis-The role of Ruder Finn, a US-Public relations firm"*. Merlino, Jacques (1993)
https://fbreporter.org/2012/12/01/labeling-the-serbs-as-nazis/
También añadimos *"Why we are not wrong to compare Milosevic to Hitler"*. Livinstone, Ken (1999). The Independent
https://www.independent.co.uk/arts-entertainment/comment-why-we-are-not-wrong-to-compare-milosevic-to-hitler-1088574.html
[11]"Political, economic drift depends in Serbian state". Dobbs, Michael (1996) en The Washington Post
https://www.washingtonpost.com/archive/politics/1996/08/04/political-economic-drift-deepens-in-serbian-state/cf63ef82-817c-4a88-a355-0525a0d52498/?noredirect=on&utm_term=.a36b57a47024
Al artículo anterior agregamos: "Asimismo, el esquema del serbocomunismo, bolchevique y oriental, agresor de la multiétnica y desamparada población de Sarajevo, ofrecía un patrón precioso para reproducir algunos de los esquemas de los de la guerra fría a los que se estaba habituado (...)". "El espejismo yugoslavo". Palau, Josep (1996)

Figura 3: Cartel estadounidense para recaudar fondos para los soldados serbios durante la I Guerra Mundial (1914).

Al contrario que en el caso de Rusia, el resto de ramas de la industria cultural apenas ha elegido Serbia como marco para sus contenidos. Esta falta de atención se debe en gran medida a que no constituye una amenaza creíble para occidente en comparación con otros estados de mayor potencial militar y en comparación con peligros reales para la seguridad, como el terrorismo o el narcotráfico. El posicionamiento unánime y diáfano por parte de los Gobiernos y los medios de comunicación de Europa y América del Norte contra la República Federal de Yugoslavia (RFY) y las minorías serbias en los sucesivos conflictos bélicos fue configurando el relato y estereotipo dominante en la opinión pública. Josep Palau[12] opina al respecto:

---

[12] "El espejismo yugoslavo". Palau, Josep (1996)

El poder mediático es inmenso y no tiene rival apreciable en la fijación de la opinión general convertida en transnacional por él mismo. Pues bien, ese poder ha tomado partido en las guerras desde el mismo inicio. Lo ha hecho a favor de algunos, claramente de los bosníacos y con menos entusiasmo de los croatas; pero se ha destacado sobre todo en una furiosa posición antiserbia. (p. 123)

Figura 4: Portada de la revista "Time" preguntándose si "¿Debe de seguir esto?", en el que presenta a los bosniacos como víctimas del conflicto.

Mikel Itulain (2013)[13] dedica dos artículos al caso de España. En su opinión:

---

[13] "El periodismo español en la guerra de Yugoslavia. Parte I". Itulain, Mikel (2013) http://miguel-esposiblelapaz.blogspot.com/2013/02/el-periodismo-espanol-en-la-guerra-de.html

La actuación de los periodistas españoles, si así pueden llamarse, en la guerra en Yugoslavia distó mucho de ser un trabajo objetivo, responsable o ético. Me refiero aquí a aquellos periodistas que pertenecen a los medios corporativos o que están controlados por las corporaciones, como es el caso de la televisión pública española, TVE.

Dada la profusa literatura que existe sobre cómo los medios de comunicación occidentales cubrieron la información sobre las Guerras Yugoslavas, estimamos más interesante dirigir nuestro análisis a otras ramas de la industria cultural menos exploradas. En "El juego de la mentira. Las grandes potencias, Yugoslavia, la OTAN y las próximas guerras" (1999), así como en otros ensayos de Michel Collon, puede leerse un análisis pormenorizado de la manipulación generalizada a la que fue sometida la opinión pública. En "La trampa balcánica, una crisis europea de fin de siglo", Francisco Veiga (1995) le dedica un epígrafe del epílogo a "La presión de los multimedias, 1989-1994".

Por su parte, Marta Teresa González (2001)[14] cita en su tesis doctoral otros estudios como "*Kriegstrommeln. Medien Krieg und Politik*", de Mira Beham (1996), o "Les vérités yougoslaves ne sont pas toutes bonnes á dire", de Jaques Merlino (1993). Otro más centrado en los medios franceses que cita a "*L'opinion, ça se travaille. Les médias, l'OTAN et la guerre du Kosovo*", de Serge Halami y Dominique Vidal (2000). Para el caso británico menciona al profesor Philip Hammond y su "*Degraded capability: The media and the Kosovo crisis*" (2000).

La propia González concluye que "en general, hubo un apoyo total a la campaña de la OTAN, una complacencia de los medios con el trabajo realizado y una dura crítica a aquellos que no compartían estas opiniones". Collon directamente acusa a los medios de compartir una estrategia para justificar la intervención armada de Occidente. Paradigma de esta justificación es un artículo de Mario Vargas Llosa en el que compara la actuación del ejército serbio en Kosovo con el holocausto judío[15]. En su monografía Palau atribuye a los *mass media* una considerable responsabilidad no ya en el intervencionismo occidental, sino en el auge de las posturas belicistas y nacionalistas de todos los bandos.

---

[14] "Las guerras de la ex Yugoslavia: información y propaganda". González, Marta Teresa (2001)

[15] "La cabeza de Milosevic". Vargas Llosa, Mario (1999) en El País
https://elpais.com/diario/1999/04/11/opinion/923781611_850215.html

Figura 5: Otra portada de la revista "Time" en la que vincula el bombardeo a los serbios con la llegada de la paz.

Pero no se trata solo de la opinión de meros investigadores. El propio general belga François Briquemont, jefe de los cascos azules en Bosnia-Herzegovina en 1994, llegó a reconocer que[16]:

> La desinformación es total (…) La televisión necesita un chivo expiatorio. De momento hay unanimidad total para condenar a los serbios y esto no facilita la búsqueda de una solución. No creo que se pueda considerar el problema de la ex-Yugoslavia y de Bosnia-Herzegovina únicamente desde el ángulo anti-serbio. Es mucho más complicado que todo eso.

Resulta obvio para cualquier observador que los medios de comunicación de América del Norte y Europa Occidental cubrieron los sucesivos conflictos bélicos de forma parcial y poco objetiva, compartiendo un posicionamiento bastante hostil hacia los intereses serbios. En el desprestigio de la causa serbia también pesaron la torpeza en el manejo de

---

[16] "Test-Medios: ¿Cuánto valía nuestra información sobre la fragmentación de Yugoslavia? Collon, Michel (2016) en rebelion.org
http://www.rebelion.org/noticia.php?id=28190

la comunicación, la diplomacia y las relaciones públicas por parte de los gobernantes de Belgrado, Knin y Pale[17], así como los crímenes reales que se cometieron bajo sus responsabilidades.

El caso de Serbia es un ejemplo palmario de que, en cuestiones internacionales, más aún en casos de guerra, el margen para las opiniones disidentes se estrecha de forma considerable en la prensa, la radio y la televisión. Por estos motivos, los serbios no han contado con prácticamente ningún generador de opinión de renombre que hable o escriba en su defensa. El supuesto pluralismo que defienden los intelectuales orgánicos de las democracias liberales contrasta con un mercado audiovisual dominado por grandes conglomerados de la comunicación -la mayoría transnacionales de matriz anglosajona- que, salvo excepciones, solo comercializan productos coherentes con los intereses geoestratégicos de sus gobiernos y con la cosmovisión dominante[18].

Pero, como expone Palau[19], en este discurso no influyen solo intereses económicos y geopolíticos. La tendencia del periodismo a la simplificación, la espectacularización, el maniqueísmo, el sensacionalismo y, en definitiva, al infoentretenimiento necesita esta lógica narrativa.

Hoy en día, las pocas noticias que se publican en relación a Serbia -con la excepción de las deportivas- siguen guardando relación con conflictos interétnicos que sugieren una situación de inestabilidad que no siempre se corresponde con la realidad. Por tanto, aunque la línea editorial de la mayoría de los periódicos y canales de radio y televisión ahora es mucho menos beligerante con el Gobierno serbio que en la etapa de Milosevic, las Guerras Yugoslavas continúan siendo un lastre para la imagen que los receptores perciben del país. A modo de ejemplo, en el apartado dedicado a los resultados expondremos algunos datos del diario El País.

En este sentido hemos notado igualmente que, al no encajar Serbia en el papel de víctima del relato balcánico, los agravios que sufren los serbios de Kosovo generan una nula atención mediática. Por el contrario, sí debemos reconocer que el deporte es el mejor embajador de Serbia

---

[17] Capitales, respectivamente y a la sazón, de la RFY, Republika Srpska Krajina (hoy desaparecida e incorporada a Croacia) y Republika Srpska (hoy integrada en Bosnia y Herzegovina).

[18] "Un día, en plena guerra croato-musulmana, habíamos informado sobre las masacres cometidas por el ejército croata. Un periodista estadounidense me dijo: «Si usted ofrece este tipo de información, los telespectadores estadounidenses no entenderán nada»". Collon, Michel (2016). Test-Medios: ¿Cuánto valía nuestra información sobre la fragmentación de Yugoslavia? http://www.rebelion.org/noticia.php?id=28190

[19] "Importa más la comercialización que la verdad. La consecuencia es que el sensacionalismo y la espectacularidad se convierten en una necesidad prioritaria de la información, reñida con el rigor y la autenticidad". Palau, Josep (1996). El espejismo yugoslavo (página 124)

en los medios de comunicación. En algunos periódicos las búsquedas con la palabra "Serbia" están monopolizadas por noticias deportivas.

4.2 Serbia y los documentales: ¿información o propaganda?

El documental es un género audiovisual que podemos clasificar como a caballo entre el cine y el periodismo. Al contrario que el cinematográfico o el de la televisión, este sector de la industria cultural sí ha mostrado en múltiples ocasiones a Serbia y a los serbios en primera plana. Hay que tener en cuenta de que se trata de un género que desde finales del siglo XX tiene a los conflictos internacionales entre sus temas predilectos.

Los reportajes de larga duración y los documentales han sido esenciales para consolidar en el imaginario colectivo el relato que se origina en los medios de comunicación sobre Serbia. Al contrario que en el caso de la II Guerra Mundial o de la contienda de Vietnam, la iconografía (héroes, villanos, mártires, hitos...) que el público occidental comparte acerca de las Guerras Yugoslavas no ha sido fijada por el cine, sino por este tipo de producciones, las cuales pueden ser más efectivas cuando son capaces de combinar con resultados artísticos brillantes la credibilidad de las noticias y el impacto visual y emocional de las películas y las series.

- **¿Quién produce los documentales?**

Nuestro estudio incluye el visionado de 38 documentales y reportajes de más de diez minutos de producción diversa en los que Serbia, los serbios o alguna personalidad serbia de relevancia tienen un papel protagónico. Son todos los que hemos podido encontrar y ver gracias a diversos canales de Internet. La mayor parte de los trabajos los hemos encontrado en YouTube, si bien otros los hemos podido conocer gracias a Google y, en menor medida, a Netflix, HBO y Twitter.

Lo primero que hemos de tener en cuenta es que las producciones más numerosas y de mayor presupuesto y distribución son del Reino Unido y los Estados Unidos, que son las naciones -ambas anglosajonas- con mayor peso en la OTAN. La BBC marca la pauta con hasta cinco documentales. La serie "La muerte de Yugoslavia" (1995) encarna mejor que ninguna la versión canónica del relato. En los últimos años han irrumpido en el panorama audiovisual los documentales de RT, auténtico contrapeso del discurso serbófobo. Aunque con mucha menor penetración en el mercado occidental, es considerable también el número de reportajes y documentales producidos por cadenas de países islámicos como Catar, Arabia Saudí o Irán, siempre en defensa de los musulmanes de la antigua Yugoslavia. Al no ser objeto de nuestro estudio no hemos incluido interesantes productos procedentes de la República de Serbia y de Bosnia y Herzegovina.

- **¿Sobre qué tratan estas producciones?**

Una vez que tenemos clara la procedencia de los reportajes y documentales, lo siguiente es aclarar los principales temas que en ellos se abordan. Ni que decir tiene que las Guerras Yugoslavas son el marco general de la inmensa mayoría de ellas. Más específicamente, y por orden, los temas predilectos son:

1. El conflicto de Kosovo y la "intervención humanitaria".
2. Srebrenica como paradigma del horror serbio.
3. La caída de Slobodan Milosevic.
4. La Guerra de Bosnia.
5. La captura de Mladic y Karadzic.

Más adelante, en el apartado de "Resultados" ampliaremos éstos y otros datos sobre los documentales que hemos podido encontrar.

Figura 6: Portada del documental de Steve York sobre la caída de Milosevic.

- **¿Qué mensajes transmiten?**

En consonancia con lo que hemos expuesto en la radiografía del relato antiserbio, la mayor parte de los documentales que hemos visionado sostienen sin tapujos que Serbia y los serbios son los culpables de las Guerras Yugoslavas. A sus ojos, no son sólo los agresores, sino quienes más y peores atrocidades han cometido. Las sociedades serbia, serbobosnia y serbocroata se caracterizan por su hipernacionalismo, reflejo de unos líderes autoritarios y responsables de crímenes de guerra.

- **¿Cómo lo cuentan?**

El impacto emocional sobre los espectadores y el sesgo antiserbio de los documentales que hemos encontrado en la red se consiguen mediante una serie de recursos narrativos y/o audiovisuales, en algunos casos auténticas técnicas de manipulación. Los recursos más frecuentes que hemos detectado tras el visionado de la totalidad de los documentales que hemos encontrado son:

- Narración dirigida.

- Uso connotado del léxico.

- Desequilibrio en la procedencia de los testimonios.

- Declaraciones sesgadas.

- Ausencia de víctimas serbias entre los testigos.

- Demonización de líderes políticos.

- Omisión del contexto.

- Ocultamiento de la injerencia extranjera.

- Indumentaria y escenario de los emisores (por ejemplo, es notorio cómo los serbios frecuentemente son presentados en uniforme militar).

- Música e imágenes para transmitir sentimientos.

- **Voces disidentes**

Tal como hemos comentado -y como posteriormente ampliaremos en el apartado "Resultados"- la mayoría de los documentales que desde principios de los 90 se distribuyen en el circuito comercial transmiten una visión negativa sobre los serbios. No obstante, en los últimos años esta situación ha empezado a compensarse debido a un conjunto de factores:

- La irrupción de RT: esta cadena internacional de televisión de Rusia es la que más contenidos produce en español sobre Serbia. Además, lo hace con una línea editorial completamente favorable para los intereses de este país.

- El incremento de producciones independientes y críticas: entre ellas destacamos a la galardonada "Yugoslavos" (2014), dirigida por Eduardo J. García e Ivana Stojak.

- El talento yugoslavo: Serbia y la antigua Yugoslavia cuenta con intelectuales de prestigio que han producido o dirigido documentales que presentan una versión alternativa al relato *mainstream*. Entre ellos mencionamos a Boris Malagusrki, Emir Kusturica y Slavoj Zizek.

- El deporte como embajador: al igual que sucede con el sector de la información, el deporte es el mejor activo de la marca Serbia en el ámbito de los documentales.

- Internet democratiza la producción de contenidos: si buscamos contenidos en YouTube con la palaba "Serbia" encontramos resultados mucho más positivos para la imagen de los serbios que los que ofrecen los canales de televisión. Para el ciudadano medio, es más fácil subir contenidos a la red y posicionarlos dignamente que distribuir cualquier proyecto en el circuito comercial.

4.3 Serbia en el cine actual

Por los motivos que ya hemos explicado, el Séptimo Arte de Europa occidental y Norteamérica ha fijado poco su atención en Serbia y los serbios. Ni siquiera las Guerras Yugoslavas han seducido a la industria de Hollywood, quizás porque los soldados estadounidenses nunca combatieron allí sobre el terreno. En cualquier caso, hemos encontrado algunos casos interesantes:

- "Territorio comanche" (1997): es una coproducción de España, Francia, Alemania y Argentina dirigida por Gerardo Herrero. Está basada en una novela homónima de Pérez-Reverte y ambientada en el sitio de Sarajevo. Aunque la trama se centra más en la rivalidad que viven los periodistas que cubren el conflicto, la película nos da entender desde el principio que los bosniacos son las víctimas de la crueldad de las fuerzas serbobosnias.

- *"Savior"* (1998): dirigida por el escritor y director serbio Pedrag Antinijevic y producida por Oliver Stone en 1998. Ambientada también en la Guerra de Bosnia. Cuenta la historia de un mercenario estadounidense que empieza combatiendo en el lado serbio, pero que termina desertando y ayudando a una víctima del conflicto. Aunque no sea de forma intencionada, y aún describiendo situaciones verosímiles, el filme refuerza tópicos negativos como el del bando serbio poblado de mercenarios y combatientes xenófobos.

- "En tierra de sangre y miel" (2011): drama estadounidense dirigido y escrito por Angelina Jolie.Fue muy criticada por distintos motivos. Quizás sea la más antiserbia de todas las películas que hemos encontrado. Ambientado en la Guerra de Bosnia, cuenta una historia de amor entre una mujer bosniaca y un hombre serbobosnio. Aborda el tema de las violaciones masivas.

- "Sin salida" (2011): filme estadounidense en la que Nikola Kozlow es un terrorista serbio que asesina a la madre del protagonista. De nuevo un personaje serbio ligado a la violencia extrema.

- "Sarajevo. El atentado" (2014): sorprendente película austriaca sobre el asesinato del archiduque Francisco Fernando y las causas de la I Guerra Mundial. Su objetividad histórica es claramente favorable a la imagen de Serbia.

- "Un día perfecto" (2015): Fernando León de Aranoa dirige esta premiada película española. Sin referencias explícitas, parece estar ambientada en la Guerra de Bosnia. Más que los soldados locales, el argumento se centra en el trabajo de los cooperantes de una ONG. En ningún momento se ofrece una visión negativa de los serbios.

La imagen proyectada de Serbia por el sector cinematográfico es, a pesar de tópicos y simplificaciones, mucho menos negativa que en otros de la industria cultural. No obstante, muchos de los personajes están ligados a la crueldad o a la violencia extrema.

4.4 Los serbios en la pequeña pantalla

También son escasos los personajes serbios que aparecen en las series de televisión. Comentamos los pocos casos que hemos encontrado:

- Ley y orden: acción criminal" (2002): en el capítulo catorce de la primera temporada de esta serie estadounidense, titulado "*Homo Homini Lupus*", Matic es un exmilitar serbio convertido en criminal profesional. Además de reproducir el estereotipo del serbio violento, el guion contiene errores y anacronismos como su pertenencia al ejército serbio a partir de 1989, fecha en la que aún existía el JNA.

- *"Elementary"* (2015): en el capítulo número 21 de la tercera temporada de esta serie estadounidense, *"Under my skin"*, Janko Stepovic es el capo de una banda criminal que trabaja con un médico corrupto. En otro episodio posterior un informático belgradense es asesinado. Su rol en la trama es minúsculo, si bien puede sugerir que Serbia cuenta con una población altamente formada en campos como las nuevas tecnologías.

- *"Bones"* (2017): en la temporada número 12 Mark Kovac aparece en el episodio 7 y en el final, mientras que es mencionado en el 4 y el 11. Kovac es un asesino movido por la venganza. Su padre Josip Radik fue un criminal y señor de la de guerra asesinado en su octavo cumpleaños.

- *"La Casa de Papel"* (2017): una de las series españolas más exitosas de la historia, producida por Netflix. Darko Peric es Yashin Dasáyev, alias Helsinki, un soldado veterano serbio primo de Dimitri Mostovói, Oslo. Sin perder de vista que todos los personajes que forman el grupo que atracan la Fábrica Nacional de Moneda y Timbre son retratados de forma benévola, la propia web de Antena 3, cadena que pertenece a la productora de la serie, describe a ambos de la siguiente forma[20]:

> Darko Peric es Helsinki, un serbio que representa la fuerza bruta del grupo junto a Oslo. Poco se sabe de él, más allá del evidente pasado de violencia y dureza que ha vivido; y la poca inclinación al diálogo y a hacerse preguntas ante las dificultades que muestran en el presente. Oslo y él son los soldados de choque perfectos en el plan de El Profesor.

Cinco de los seis personajes que hemos encontrado tienen vínculos con el crimen organizado, lo que, obviamente, no es nada positivo para la imagen de los serbios.

---

[20] "Darko Peric es Helsinki" en antena3.com
https://www.antena3.com/series/casa-de-papel/personajes/darko-peric-helsinki_2017033158de6fea0ct2abec9e0171b8.html

Figura 7: Helsinki forma parte del grupo que atraca la Fábrica Nacional de Moneda y Timbre en la Casa de Papel.

4.5. Villanos en los videojuegos

En la industria de los videojuegos encontramos dos casos en los que los serbios aparecen como villanos:

- *"Soldier of Fortune. Edición Gold"* (2000): los serbios están entre los malvados que combate en los diferentes niveles el estadounidense John Mullins en este videojuego de PlayStation y otras videoconsolas.

- *"Grand Theft Auto IV"* (2008): videojuego de PlayStation 3 Xbox 360 y Microsoft Windows. Niko Bellic es un veterano de guerra serbio que, junto a su primo, Roman, buscan en Estados Unidos al hombre que lo traicionó en su unidad militar. Aunque el creador no reconoce oficialmente que Niko es serbio, varios detalles del juego así lo señalan.

Figura 8: Niko Belic es el criminal que protagoniza *"Grand Theft Auto IV"*.

5. Resultados

En este apartado queremos aportar algunas cifras que refuerzan nuestro análisis del discurso y que han contribuido a alumbrar las conclusiones que posteriormente desarrollaremos. No obstante, en nuestra investigación predomina una metodología cualitativa, por lo que estos datos no deben valorarse como estadísticas globales, absolutas, ni demostrativas de ningún fenómeno.

5.1 Géneros de no ficción

a) Medios de comunicación

La limitación espacial de esta investigación, así como la amplitud de su objeto de estudio, nos han impedido realizar un análisis comparado de las informaciones sobre Serbia aparecidas en los principales medios de comunicación de Occidente. A ello hay que sumar las dificultades a las que nos hemos enfrentado para encontrar en los buscadores de las versiones en línea de los periódicos una relación exacta de todas las noticias publicadas sobre Serbia en cualquier periodo de tiempo determinado. No obstante, y como referencia, hemos querido incluir algunas cifras ilustrativas que hemos extraído de la web de El País, que es el diario generalista más leído de España y uno de los más prestigiosos de Europa, sobre todo en temas internacionales. Además, su buscador *on line* es uno de los que mejor funcionan.

Concretamente, hemos analizado todas las noticias que contienen la palabra "Serbia" publicadas en 2018. Incluimos la relación entera de noticias analizadas, con su fecha de publicación y su correspondiente enlace:

-EE UU se ofrece a albergar un diálogo de paz entre Serbia y Kosovo (19/12/2018)

https://elpais.com/internacional/2018/12/18/actualidad/1545165264_524842.html

-Novi Sad, plena efervescencia (09/11/2018)

https://elviajero.elpais.com/elviajero/2018/04/05/actualidad/1522919367_302685.html

-Pasado frente a futuro en los Balcanes (22/09/2018)

https://elpais.com/elpais/2018/09/21/opinion/1537546228_447735.html

-El presidente serbio cancela en medio de la tensión su visita a una aldea kosovar (10/09/2018)

https://elpais.com/internacional/2018/09/09/actuali-
dad/1536524289_547617.html

-Serbia y Kosovo frenan de forma abrupta su proceso de diálogo
(07/09/2018)

https://elpais.com/internacional/2018/09/07/actuali-
dad/1536316165_065402.html

-Pleno de la selección femenina: ocho victorias seguidas camino al
Mundial (04/09/2018)

https://elpais.com/deportes/2018/09/04/actuali-
dad/1536078908_097731.html

-España se resiste al acuerdo de Serbia y Kosovo para redibujar sus
fronteras (31/08/2018)

https://elpais.com/internacional/2018/08/31/actuali-
dad/1535712190_181754.html

-Serbia y Kosovo se plantean corregir su frontera para cerrar un
acuerdo (16/08/2018)

https://elpais.com/internacional/2018/08/15/actuali-
dad/1534354276_944430.html

-David Martín: "Empieza otra gran generación del waterpolo"
(29/07/2018)

https://elpais.com/deportes/2018/07/29/actuali-
dad/1532881471_243826.html

-Serbia desvanece el sueño del waterpolo español en la tanda de penal-
tis (29/07/2018)

https://elpais.com/deportes/2018/07/28/actuali-
dad/1532800170_131796.html

-Serbia - Brasil: las mejores imágenes del partido (27/06/2018)

https://elpais.com/elpais/2018/06/27/al-
bum/1530105632_631265.html

-La celebración 'política' de Xhaka y Shaqiri que ha enfadado a Serbia
(24/06/2018)

https://elpais.com/deportes/2018/06/23/mundial_fut-
bol/1529768574_136993.html

-Resumen de los goles del Mundial de fútbol, en imágenes
(23/06/2018)

https://elpais.com/elpais/2018/06/22/al-
bum/1529659198_080647.html#foto_gal_1

-Shaqiri se la juega a Serbia (22/06/2018)

https://elpais.com/deportes/2018/06/22/mundial_fut-
bol/1529669599_070478.html

-Suiza le gana a Serbia y se acerca a los octavos de final (22/06/2018)

https://elpais.com/deportes/2018/06/22/mundial_fut-
bol/1529680655_375783.html

-El ritmo de Belgrado (22/06/2018)

https://elviajero.elpais.com/elviajero/2018/06/21/actuali-
dad/1529569494_322644.html

-Un zapatazo de Kolarov desmonta a Costa Rica (17/06/2018)

https://elpais.com/deportes/2018/06/17/mundial_fut-
bol/1529231178_781369.html

-Mujeres de Kosovo: doblemente víctimas de guerra (19/05/2018)

https://elpais.com/internacional/2018/05/13/actuali-
dad/1526222862_207705.html

-"Putin es amigo de Serbia pero respeta nuestro camino hacia la UE"
(18/05/2018)

https://elpais.com/internacional/2018/05/17/actuali-
dad/1526584619_653410.html

-Detenido en Serbia un árbitro acusado de abuso de poder tras pitar un
penalti que no era en un partido de liga (16/05/2018)

https://elpais.com/deportes/2018/05/15/actuali-
dad/1526404175_798809.html

-El peso de apellidarse Mladic (16/05/2018)

https://elpais.com/internacional/2018/05/11/actuali-
dad/1526056657_661396.html

-Bosnia en el disparadero (06/05/2018)

https://elpais.com/internacional/2018/05/04/actuali-
dad/1525452286_303181.html

-El problema de Kosovo es su excepcionalidad (04/05/2018)

https://elpais.com/internacional/2018/05/04/actuali-
dad/1525445049_103715.html

-Las ciudades rotas de los Balcanes (01/05/2018)

https://elpais.com/internacional/2018/04/28/actuali-
dad/1524941302_578806.html

-El ultranacionalista serbio Seselj, condenado en apelación por crímenes contra la humanidad (11/04/2018)

https://elpais.com/internacional/2018/04/11/actuali-
dad/1523454332_085729.html

-Asesinado a tiros en Kosovo un líder político de la minoría serbia
(16/01/2018)

https://elpais.com/internacional/2018/01/16/actuali-
dad/1516096754_571032.html

-¿Por qué manifestarse a las puertas de la UE? (10/01/2018)

https://elpais.com/elpais/2018/01/08/3500_millo-
nes/1515425675_046616.html

Tema	Número de noticias	Porcentaje sobre el total
Deporte	10	37,03%
Kosovo	9	33,33%
Política actual y la sombra de la Guerra	3	11,11%
Tribunal de La Haya	2	7,40%
Ocio	2	7,40%
Refugiados	1	3,70%
Total de noticias	27	100%

Estos datos son un fiel reflejo de la tendencia que hemos señalado en el
apartado dedicado a analizar el tratamiento que los serbios reciben en
los medios de comunicación. El deporte y el conflicto de Kosovo suponen más del 70% de las noticias sobre Serbia publicadas en 2018 en El
País. Las Guerras Yugoslavas son un lastre para la imagen de esta nación
en los medios, mientras que el deporte es su mejor aliado y embajador.

b) Documentales

A continuación, expondremos algunos datos que avalan nuestras tesis
y que hemos extraído del visionado de todos los documentales y reportajes de más de diez minutos producidos fuera de Serbia que hemos
podido encontrar tras varias búsquedas exhaustivas por la red.

Los documentales que hemos visto son, por orden alfabético:

-"A *serbian documentary*" (Serbia-EEUU, 2018): sobre los refugiados que
llegan a Europa.

-"Bosnia and Herzegovina: an ethnically divided country" (Alemania, 2018): producido por la cadena *Deutsche Welle*.

-"Bosnia-Herzegovina: sin punto final" (Rusia, 2010): producido por la cadena RT.

-"Bosnia-Tito, principio y fin. El padre de la Yugoslavia moderna" (España, 2010): producido por TVE.

-"Bosnia, una paz dolorosa" (Irán, 2013): producido por Hispan TV.

-"Bosnia. La paz dividida" (España, 2011).

-"*Chasing Mladic: The hunt of the butcher of Bosnia*" (Catar, 2011): producido por *Al Jazeera*.

-"El expreso de los Balcanes" (Alemania, 2016): serie documental sobre viajes dedicado a distintos países balcánicos. La directora es Mirjiana Momirovic.

-"El derrocamiento de un dictador" (EEUU, 2002): Steve York dirige este documental sobre la caída de Milosevic.

-"El éxodo de Kosovo" (Rusia, 2015): producción de RT.

-"El peso de las cadenas" (Canadá, 2010): dirigido por el director serbo-canadiense Boris Malagurski.

-"El peso de las cadenas II" (Canadá, 2014).

-"*Es began mit einer Lüge*" (Alemania, 2000): producción de WDR *Fernsehen*.

-"Hermanos y enemigos: Petrovic y Divac" (Estados Unidos, 2010): documental producido por NBA Entertainmet.

-"Houston, ¡tenemos un problema!" (Europa, 2016): dirigido por el director esloveno Žiga Virc con la colaboración del filósofo Slavoj Zizek.

-"Karadzic, el genocida" (España, 2008): emitido en Informe Semanal, en TVE.

-"*Kosovo: Can You Imagine?*" (Canadá, 2009): dirigida por Malagurski.

-"Kosovo después de su independencia" (Rusia, 2010): de RT.

-"Kosovo, tierra robada" (República Checa, 2008).

-"La caída de Milosevic" (Reino Unido, 2001): emitida en BBC 2.

-"Las esposas de los dictadores (Francia, 2014): uno de los episodios de esta serie documental critica duramente a Mira Markovic, esposa de Milosevic. Emitido en La 2 de TVE.

-"La Guerra de Kosovo" (Reino Unido, 2000): producido por la BBC y emitida también en el Canal de Historia.

-"Las heridas de Srebrenica" (Arabia Saudí, 2015): producido por Córdoba Internacional TV.

-"La muerte de Yugoslavia" (Reino Unido, 1995): serie documental de seis capítulos producida por la BBC. Auténtica versión canónica de las Guerras Yugoslavas.

-"La niebla de Srebrenica" (Europa, 2014): no hemos conseguido encontrar el país de procedencia. El director bosniaco Samir Mehnovic lo presentó al XX Festival de Cine de Sarajevo.

-"La otra vida de Radovan Karadzic" (Rusia, 2010): producción de RT.

-"Los Balcanes, esperanza y angustia" (Irán, 2012): tres documentales de 25 minutos de Hispan TV.

-"Los condenados de Kosovo" (Bélgica, 2002): de Michel Collon y Vanessa Stojilkovic.

-"Madrileños por el mundo: Belgrado" (España, 2014): programa de Telemadrid dedicado a la capital serbia.

-"*Milosevic out!*" (1999, Dinamarca): producido por la danesa *Dansmarks Radio*.

-"*Our world: the butcher of Bosnia*" (Reino Unido, 2017): programa de reportajes en profundidad de la BBC.

-"¿Por qué?" (Rusia, 2014): documental sobre el bombardeo de la OTAN de RT.

-"Regreso a Bosnia, en busca de la paz" (Alemania, 2003): dirigido por Ulf von Mechow y emitido por Canal de Historia.

-"Radovan Karadzic y Ratko Mladic: la historia verdadera" (Rusia, 2012): documental de RT.

-"Serbia herida" (Rusia, 2010): documental de RT sobre el bombardeo de la OTAN.

-"*Slobodan Milosevic, the Hitler of the modern history*" (Reino Unido, 2003): producción de la BBC.

-"Srebrenica, la última masacre" (España, 2010): reportaje producido por Informe Semana (TVE):

-"Srebrenica, una tragedia anunciada" (Francia, 2000): emitido en Canal de Historia.

-"Srebrenica, una ciudad traicionada" (Noruega, 2015): documental muy crítico con Izetbegovic y la versión oficial de los hechos.

-"*The killing fields of Srebrenica*" (Reino Unido, 1996): reportaje en profundidad de la BBC.

-"Un puente para la paz. Misión Bosnia y Herzegovina" (España, 2012): documental de las Fuerzas Armadas españolas.

-"Yugoslavia, el mosaico roto" (España, 1991): equilibrado y profundo reportaje de Telemadrid previo al estallido de las Guerras Yugoslavas.

-"Yugoslavos" (España, 2014): producción independiente crítica con la versión oficial de la ruptura de la RFSY.

Tema	Número de documentales	Porcentaje sobre el total
Kosovo	9	20,93%
Guerra de Bosnia	7	16,27%
Ruptura de Yugoslavia	6	13,95%
Srebrenica	6	13,95%
Karadzic y Mladic	5	11,62%
Milosevic	5	11,62%
Otros	5	11,62%
Total de documentales	43	100%

País emisor	Número de documentales	Porcentaje sobre el total
España	8	18,60%
Rusia	7	16,27%
Reino Unido	6	13,95%
Alemania	4	9,30%
Canadá	3	6,97%
Estados Unidos	3	6,97%
Europa	2	4,65%
Irán	2	4,65%
Francia	2	4,65%
Arabia Saudí	1	2,32%
Bélgica	1	2,32%
Catar	1	2,32%
Dinamarca	1	2,32%
Noruega	1	2,32%
República Checa	1	2,32%
Total de documentales	43	100%

Cadena	Número de documentales	Porcentaje sobre el total
RT	7	16,27%
BBC	6	13,95%
TVE	3	6,97%
Hispan TV	2	4,65%
Resto	25	58,13%
Total de documentales	43	100%

Estas cifras coinciden con lo que venimos sosteniendo en nuestro análisis: la mayoría de los temas abordados en este género a caballo entre el periodismo y el cine tienen que ver con las Guerras Yugoslavas. La mayoría de ellas, sobre todo, las de producción británica y estadounidense, coinciden en un discurso muy negativo para los intereses serbios. En los últimos años la copiosa producción de RT, con un enfoque claramente proserbio, ha empezado a compensar este desequilibrio. El hecho de que busquemos en español y desde España también se ha reflejado en los resultados.

c) Películas

Películas	Personajes ligados al crimen organizado	Personajes ligados a la violencia política
"Territorio comanche"		X
"Savior"		X
"En tierra de sangre y miel"		X
"Sin salida"	X	
"Sarajevo. El atentado"		X
"Un día perfecto"		X
Porcentaje total	16,66%	83,33%

d) Series

Series	Personajes ligados al crimen organizado	Personajes ligados a la violencia política
"Ley y orden: acción criminal"	x	x
"Elementary"	x	
"Bones"	x	x
"La Casa de Papel"	x	
Porcentaje total	100%	50%

e) Videojuegos

Videojuegos	Personajes ligados al crimen organizado	Personajes ligados a la violencia política
"Soldier of Fortune. Edición Gold"		x
"Grand Theft Auto IV"	x	
Porcentaje total	50%	50%

6. Conclusiones

No podemos terminar nuestra investigación sin exponer algunas conclusiones:

- Como consecuencia de una cobertura informativa parcial e interesada, los medios de comunicación de masas construyeron un relato maniqueo de las Guerras Yugoslavas que señala a los serbios como los culpables del conflicto, autores de crímenes y, por ende, como enemigos de Occidente.

- Los documentales han contribuido a divulgar este relato y a consolidarlo en el imaginario colectivo, aportándoles emotividad y realismo a través de las imágenes y haciendo visible una iconografía del estallido bélico.

- Estamos ante un relato simple, maniqueo y teñido de sensacionalismo y elementos hollywoodienses, el cual sigue el esquema clásico de las historias infantiles.

- La sociedad serbia es retratada como hipernacionalista y los líderes serbios han sufrido un proceso de demonización interesado, independientemente de la parte de verdad que haya en algunas acusaciones.

- Quienes producen la información que cimentó el relato antiserbio son conglomerados transnacionales de la comunicación, pero de matriz anglosajona, los cuales alinean su discurso con los intereses económicos y geopolíticos de sus gobiernos. Destacan también una visión hostil hacia Serbia de medios y productoras procedentes de países germánicos y árabes.

- En el campo del documental, la BBC destaca por una prolija producción hostil a las posiciones serbias en los diferentes conflictos.

- A la credibilidad del relato ayudaron las torpezas de las distintas autoridades serbias, serbobosnias y serbocroatas en los campos de la diplomacia y la comunicación, así como los crímenes que efectivamente se cometieron bajo sus responsabilidades.

- Al contrario que la URSS, la Alemania nazi u otros enemigos históricos del bloque atlantista, Serbia no ha centrado el interés de otros sectores de la industria cultural como el cine, las series o los videojuegos, seguramente por su reducida extensión geográfica y por su escaso peso demográfico. A esto hay que añadir que en los Balcanes los soldados estadounidenses y británicos no combatieron en tierra.

- En cualquier caso, estos sectores reproducen el discurso negativo hacia los serbios que originaron los medios de comunicación. En especial, difunden un estereotipo de los serbios ligado al paramilitarismo y al crimen organizado.

- En los últimos años el panorama es alentador para Serbia debido a la irrupción de RT y otros medios de comunicación internacionales de titularidad rusa. También es positivo para los intereses serbios el incremento de obras críticas con la versión oficial, las producciones de intelectuales serbios o exyugoslavos de prestigio y el potencial democratizador de Internet para la subida de contenidos. Asimismo, los medios de comunicación de masas y los gobiernos occidentales son menos hostiles al actual gobierno serbio, lo que, sin duda, influye en la imagen que éstos proyectan del pueblo serbio.

5. Serbia y la posverdad

Como hemos expuesto, la serbofobia instalada en el *establishment* político y mediático de Occidente responde más a un relato cargado de emotividad que a un análisis objetivo de la realidad política. Asimismo, muchas crónicas, reportajes y documentales tienen un componente propagandístico importante. Sin embargo, pocos receptores consideran que el discurso antiserbio dominante pueda ser tildado de posverdad, a pesar de que, precisamente, la emotividad, la propaganda y el desconocimiento de los hechos son, precisamente, claves de un concepto que, a nuestro juicio, es poco más que una moda.

Se trata de un significante vacío, un vocablo que funciona como cajón de sastre para descalificar los mensajes contrarios a la tendencia mayoritaria. Este concepto engloba una serie de fenómenos relacionados con la desinformación que ha existido en el periodismo desde sus orígenes. El término "posverdad" se populariza para etiquetar de forma negativa a campañas políticas que han triunfado contra el globalismo hegemónico, como las del brexit y Donald Trump. Lo curioso es que, frente a las acusaciones exageradas (e interesadas) contra la supuesta injerencia rusa[21], lo que es incontestable es que fue una empresa británica como Cambridge Analytica la que jugó el papel más protagónico en ambas campañas digitales, siempre con la aquiescencia de la dirección de Facebook.

Teniendo en cuenta que el relato serbófobo reproduce a menudo clichés, tópicos y estereotipos basados en prejuicios, cabría preguntarse si en este y otros casos habría que hablar más de "preverdad" que de "posverdad". Como afirma el psicólogo y analista político Antonio Garrido:

> "Ahora que todo el mundo puede ver y contar, explorar, buscar explicaciones alternativas, expresarse y difundir gracias a Internet… Ahora todo es posverdad. Cuando el incendio del Reichstag, la invasión de Bahía de Cochinos, el 23F, los desaparecidos en Argentina o las armas de destrucción masiva de Irak… Cuando la información ha sido gestionada en régimen de monopolio por los grandes medios y por los gobiernos, entonces no había problema con la verdad ni con la mentira".

---

[21] Sobre este tema citamos tres artículos:
"Desinformación y los límites de la injerencia rusa". Tamames, Jorge (2018)
https://elordenmundial.com/desinformacion-y-los-limites-de-la-injerencia-rusa/
"La injerencia rusa: ¿hasta qué punto puede manipularnos un bot?". Meseguer, Marina (2017)
https://www.lavanguardia.com/internacional/20171211/433569713164/injerencia-rusa-manipularnos-bot.html
"La obsesión con la injerencia rusa amenaza a Europa y refuerza el liderazgo de Putin". Calero F.J. (2018)
https://www.abc.es/internacional/abci-obsesion-injerencia-rusa-amenaza-europa-y-refuerza-liderazgo-putin-201801222315_noticia.html

Referencias bibliográficas

Adorno, Theodor y Horkheimer, Max (1944-47). Dialéctica de la ilustración. Fragmentos filosóficos. Madrid: Editorial Trotta.

Barthes, Roland (1957). Mitologías. Madrid: Biblioteca Nueva.

Collon, Michel (1998). El juego de la mentira: las grandes potencias, Yugoslavia, la OTAN y las próximas Guerras. Hondarribia (Guipúzcoa): Hiru.

Herman, Edward S. y Chomsky, Noam (2001). Los guardianes de la libertad. Barcelona: Crítica.

Fukuyama, Francis (1992). El fin de la Historia y el último hombre. Barcelona: Planeta.

Furedi, Frank (1997). *Culture of Fear: Risk taking and the morality of low expectation.* Londres: Continuum.

González, Marta Teresa (2004). Las guerras de la ex Yugoslavia: información y propaganda. Madrid: Universidad Complutense de Madrid.

Gramsci, Antonio (1949). Los intelectuales y la organización de la cultura. Buenos Aires: Libros de Araucaria.

Gruppi, Luciano (1978). El concepto de hegemonía en Gramsci. México: Ediciones de Cultura Popular.

Malinowski, Bronislaw (1982). Estudio de psicología primitiva. Barcelona: Ediciones Atalaya

Nye, Joseph (2005). *Soft Power: The means to success in world politics.* Nueva York: PublicAffairs.

Otero, Julio (2017). La Nueva Guerra Fría en la pequeña pantalla. Rusia como enemigo en las series de televisión. En Vázquez, Pablo (coordinador), Personalización en comunicación política: de la técnica a la estrategia. Sevilla: Ediciones Egregius.

Palau, Josep (1996). El espejismo yugoslavo. Barcelona: Ediciones Del Bronce.

Taibo, Carlos (2018). La desintegración de Yugoslavia. Madrid: Los Libros de la Catarata.

Veiga, Francisco (1995). La trampa balcánica. México: Grijalbo.

Artículos consultados:

Adorno, Theodor y Horkheimer, Max (1944-1947). La industria cultural. Iluminismo como mistificación de masas. En el libro Dialéctica de la ilustración. Fragmentos filosóficos.

Barthes, Roland (1966). Introducción al análisis estructural de los relatos. En *Communications* 8

Calero, FJ (2018). La obsesión con la injerencia rusa amenaza a Europa y refuerza el liderazgo de Putin. En ABC

goo.gl/sB4cPX

Collon, Michel (20169. Test-Medios: ¿Cuánto valía nuestra información sobre la fragmentación de Yugoslavia? En rebelión.org

goo.gl/brffwA

Dobbs, Michael (1996). *Political, economic drift depends in Serbian state".* En The Washington Post.

goo.gl/i9iiWj

Livingstone, Ken (1999).*Why we are not wrong to compare Milosevic to Hitler.* En The Independent.

goo.gl/zJjs9s

Merlino, Jacques (1993). *Labeling the serbs as nazis-The role of Ruder Finn, a US-Public relations firm.* En Serbia FReporter

goo.gl/xMj6ex

Meseguer, Marina (2017). La injerencia rusa: ¿hasta qué punto puede manipularnos un bot? En La Vanguardia

goo.gl/BnD7jt

Olivé, Antonio (2012). El concepto de hegemonía en Gramsci. En el blog Marx desde Cero

https://goo.gl/9gSafh

Restrepo, Jairo (2014). Teorías entorno al rito y al mito. En el blog Mito, rito y creación.

goo.gl/9Jqpsp

Tamames, Jorge (2018). Desinformación y los límites de la injerencia rusa. En El Orden Mundial

goo.gl/v8sBKF

Vargas Llosa, Mario (). La cabeza de Milosevic. En El País

goo.gl/USr8jA

Vidal, Manuel (2015). Soft Power: Influencia y poder de la imagen exterior. En Observatorio de Relaciones Internacionales Europea Media.

goo.gl/fs2NhB

CAPÍTULO III

RETÓRICA: ¿ESTILÍSTICA MANIPULADORA O ÁREA DE CONOCIMIENTO?

Dr. Javier-Eladio Guzmán Villanueva
Universidad de Córdoba

Resumen

Este trabajo se inserta en el contexto de la reflexión sobre el fenómeno conocido como 'posverdad', aunque centralizado en la cuestión del fenómeno retórico, preguntándonos por su carácter influenciador o científico. El enfoque metodológico adoptado es el del Análisis Dialógico, consistente en la exposición enfrentada de al menos dos voces opuestas cerrando con una tercera voz sintética. Pensamos en contra de la concepción de 'persuasión no-argumentativa' como 'persuasión retórica' propia de cierta Lógica Informal, que hunde sus raíces en el descrédito platónico de lo sofístico, continuado por el modernismo (tanto en su versión apriorista como empirista). En el desarrollo nos hemos apoyado en la Nueva Retórica de Perelman, en el enfoque problematológico de la Teoría del Cuestionamiento de Michel Meyer, en el Pensamiento Dialógico de Tierno Galván y en la Teoría de la Literatura desde el materialismo filosófico de Jesús G. Maestro. Nuestras aportaciones han sido: (1) una terminología en Lingüística Pragmática, (2) añadir un cuarto elemento a la tríada retórica, y, (3) delimitar el contorno de la Retórica como Ciencia. Nuestros resultados van en la línea de sentar las bases del cierre categorial de la Retórica. Hemos proyectado nuestro análisis a los ámbitos de la Filosofía, la política y el Debate de Competición. Nuestra conclusión es la delimitación conceptual de 'Retórica' como 'área de conocimiento del entrelazamiento de las estrategias discursivas de índole argumentativa, persuasiva y comunicativa que incluye las subáreas áreas de conocimiento de la Teoría de la Argumentación, la Teoría de la Persuasión y la Teoría de la Comunicación'.

Palabras clave

Retórica, persuasión, argumentación, comunicación, conocimiento, transductor.

Introducción - Justificación

Chomsky nos alertaba en marzo de 2018 de que "ya no se confía ni en los mismos hechos", refiriéndose al descrédito respecto de las instituciones. Nos dicen lo que queremos oír, ejercicio que de ser criticado lleva adjudicado el descalificativo de 'retórico'. Incluso si escuchamos a la Escuela de Filosofía que pasa por ser el sistema filosófico más potente – la Escuela de Oviedo con su materialismo filosófico – sus miembros (los discípulos de Gustavo Bueno) cuando califican a un discurso de 'retórico' lo que quieren decir es 'lo dicho que suena bien' o lo que es peor 'ideología' (peor porque la crítica ideológica no aplica la crítica a sí misma). En una línea parecida cabe situar al mejor libro en español sobre Lógica Informal, Las trampas de Circe (2011) de Montserrat Bordes, texto que vendría a paliar la mala praxis de una retórica sin ética que teniendo su origen en las prácticas sofistas de adaptarse al auditorio habría ido produciendo hasta la actualidad toda una serie de fórmulas expresivas domesticadoras y deshonestas:

> "La retórica estudia [...] los argumentos persuasivos con base a creencias, valores y preferencias de una determinada audiencia que ha de ser convencida, de modo que solo accidentalmente siente interés por la corrección lógica que, como sabemos, si bien no garantiza conocer proposiciones verdaderas, sí preserva su verdad. A diferencia de la lógica, la argumentación retórica comporta un razonamiento simulativo (fingir que se tiene los deseos, creencias e intenciones de la audiencia) es dependiente-de-su-audiencia [...]. Esta falta de universalidad de la retórica delata su ineptitud como disciplina ética."

(Montserrat Bordes, 2011: 33.)

El anterior fragmento nos sirve de excusa para señalar que muchos libros sobre argumentación cometen la falacia de la definición persuasiva, trazando el contorno de 'retórica' según su enfoque teórico, como cuando se enuncia que hay dos tipos de persuasiones – la argumentativa y la retórica -, como si fuese propio de toda operación retórica operar al margen de la argumentación o con una argumentación relajada. Supone un error terminológico denominar 'persuasión retórica' a lo que es 'persuasión no-argumentativa', porque lo contrario de lo argumentativo es lo no-argumentativo. Nuestra tesis será que lo retórico incluye tanto lo argumentativo como lo persuasivo, así como lo comunicativo, de cara a cumplir cierta intencionalidad.

A esta problemática hemos llegado desde Bermúdez nuestra investigación insertada en la línea "Teoría y práctica de los discursos" del Programa de Doctorado de la Universidad de Córdoba Lenguas y Culturas en torno a las estrategias discursivas en el Debate de Competición; lo que nos ha obligado a atender al componente retórico de la comunicación y a la naturaleza de su estudio: ¿una colección de trucos para engañar a la gente o un conjunto de conceptos con los que cerrar un campo categorial científico?

Objetivos Generales y Específicos

Ante el reto de meditar acerca del fenómeno de la posverdad (objetivo general) en cuanto construcción de prejuicios / creencias que constituyen relatos determinantes o al menos condicionantes de los hábitos de la ciudadanía, cuyas decisiones cada vez se toman más al margen o incluso contra los hechos reales, esto es, ante el desafío de pensar la posverdad como una realidad instalada o una moda pasajera, nosotros queremos detenernos en el fenómeno de LO RETÓRICO y del contorno que lo configura (objetivos específicos): ¿*técnica* **manipuladora** o *praxis racional* **paridora de saber**?

Método – Desarrollo del trabajo

Nos hemos adentrado en la obra y el pensamiento del mayor conocedor, estudioso y teórico del fenómeno retórico de la actualidad: el filósofo belga de la Universidad Libre de Bruselas Michel Meyer; filósofo porque es artífice del último sistema filosófico – la *Problematología* o Teoría del Cuestionamiento –; artífice de la reflexión más potente respecto a lo argumentativo desde Aristóteles, logro que ha podido desarrollar gracias a la vía abierta por su maestro Chaïm Perelman. Nuestra operación metodológica ha consistido en una hermenéutica de la *Nueva Retórica* del Tratado de la Argumentación (1958) y de la *Teoría General de la Argumentación* de Principia Rhetorica (de 2008) y otros artículos menores. Asimismo, nos hemos servido de la Historiografía de la Filosofía Griega, en especial del excelente trabajo de los profesores Álvaro Vallejo y Alejandro G. Vigo Filósofos griegos: de los sofistas a Aristóteles (de 2017).

En el plano de la arquitectura argumentativa nuestro proceder queda constituido por nuestra apuesta personal por el *análisis* **dialógico** (examen riguroso de distintas perspectivas de un fenómeno de cara a su iluminación); en este sentido pensamos al menos desde dos voces: una en contra de lo retórico y otra a favor, procurando cierto entrelazamiento polifónico final en torno a una cuestión política actual; ¿qué consecuencias puede tener esta variabilidad semántica en los ámbitos de la Filosofía / la política / el Debate de Competición?: ¿a qué se debe que haya habido ideologías disolventes de lo retórico? / ¿querer persuadir es algo negativo o positivo? / ¿el Debate de Competición te acerca a o te aleja de la verdad? / ¿estamos en una época dialogante o antidialogante?

Resultados

Existe cierto consenso no unánime entre buena parte de la comunidad filosófica en considerar a Platón como el primer filósofo; pues bien, antes de que este peculiar y extraordinario escritor filosofase por vez primera ya existían retóricos: los sofistas: ¿mercaderes del pseudoconocimiento o educadores para la democracia? / ¿demagogos o pedagogos? Se puede considerar a los sofistas como esos pioneros de la Lingüística que tuvieron una concepción de la vida pública como *debate*. El magisterio de estos primeros profesores profesionales itinerantes se hacía visible a través de la enseñanza de lo que empezó como una técnica de expresarse en público – la retórica – y acabó produciendo (tal y como nos explican Álvaro Vallejo y Alejandro G. Vigo) una epistemología, una teoría de la argumentación y una teoría del lenguaje (aunque sea a un nivel todavía incipiente): la SOFÍSTICA como *praxis* **teórica** o *teoría* **práctica**. Estudiaron desde una actitud de rigor conceptual la expresión más correcta (**argumentativa**) y eficaz (**persuasiva**) tanto del pensamiento como de los estados afectivos, todo ello para conocer y luego utilizar (*comunicativamente*) potencialidades que esconde el lenguaje. Es decir, lo retórico emergió con buen pie: un fenómeno ligado a una *actividad* más que útil **necesaria** en ese contexto también nuevo por aquel entonces de la democracia. Pero he aquí que Platón, el primer indignado contra la gobernanza democrática por dejarlo sin su querido Sócrates, encontró en la Sofística a ese gran enemigo que uno necesita para ser grande, y encontró en lo retórico esa diana a donde apuntar sus dardos intelectuales. Platón criticó que los retóricos sofistas cobrasen por adaptarse a un público de ignorantes o por enseñar a clientes a ser oradores eficaces adaptándose a su auditorio. Queda claro que Platón no vio en los sofistas lo que nosotros vislumbramos: unos analistas expertos en estrategias discursivas, en concreto en estrategias argumentativas, persuasivas y comunicativas. El feroz ataque de Platón hacia los sofistas marcó su decadencia dentro de la opinión filosófica generalizada (Perelman, 2006: 38). Pero aquí se produce una confusión hermenéutica que todavía se arrastra: Platón no carga contra la Retórica en general sino contra su uso en modo sofístico tal y como él lo concebía; pues, de hecho, pretendía una *retórica* **filosófica** (la Dialéctica) capaz de convencer a los mismísimos dioses (tal y como lo anhela en <u>Fedro</u>).

El primer platónico, Aristóteles, sistematizó dicha Retórica Filosófica en un cuerpo teórico que perduró al menos hasta el Renacimiento. Sin embargo, (tal y como nos explica Perelman, 2006: 7) la irrupción del *racionalismo* **moderno**, tanto en su modo **apriorístico** como en el **empirista**, conllevó la marginación de la Retórica, que pasaría a ser considerada un "simple medio de expresión, un elenco de técnicas estilísticas", pues allí donde entra la evidencia racional o la sensible no cabe contraste de pareceres: quien cree poseer la verdad no necesita un concierto sobre ella. La Ilustración consagró la Retórica como Estilística. Toda la Epistemología no deja de ser política en otro tono; también en este caso: así pues, no es casualidad que las sociedades autoritarias / absolutistas / coercitivas / antidemocráticas adquieran una única voz dogmática que no alberga ningún interés por la argumentación / la persuasión / la comunicación; de la misma manera, tampoco es casualidad que en sociedades en cierta medida abiertas emergió y volvió a aparecer la Retórica, como la Atenas clásica, la Inglaterra decimonónica finisecular, y, en general, el Occidente contemporáneo, aunque con una implantación tímida, dada la consolidación de la idea de que el discurso científico es el modelo de exposición de verdades – y cuando la Ciencia demuestra no tiene que esforzarse por persuadir (bueno, eso creían: ahora ya sabemos que la Ciencia también opera con sus respectivas estrategias discursivas) –.

Ya Tierno Galván (en 1968) nos explicó que existen ÉPOCAS **dialogantes** y otras **antidialogantes**. Vivimos en una época dialogante o de convivencia cuando se dan las condiciones para que se encuentren interlocutores dialogantes prestos a servirse de la cuantificación dialógica en cuanto instrumento para conocer: una sociedad está en transformación si está en conversación. También ha habido momentos históricos en que los procesos dialécticos de convivencia han quedado obstruidos y quedan anulados los debates intelectuales o reducidos a una sola temática y de forma rígida: se trata de épocas antidialogantes. Grecia / el Renacimiento / el Romanticismo serían épocas dialogantes. El diálogo intelectual medieval no pasaría del nivel de disputa o de soliloquio: se argumentaba sobre un tema en un contexto de rigidez estamental, mas no se realizaba un argumento a través de la participación intelectual de varios en un proceso de conocimiento y de valoración. Mientras la INTELIGENCIA **mecánica** conoce por la cantidad (simplemente siguiendo un criterio cuantificador propio de la época industrial), la INTELIGENCIA **dialéctica** conoce introduciendo la calidad en la cantidad, eso sí con tendencia a priorizar la calidad (como en buena parte de la cultura moderna). ("Mecánica y Dialéctica": 155.)

Pasamos a realizar un aporte a la clásica categorización triádica de lo retórico: como nos explica Michel Meyer en <u>Principia Rhetorica</u> (2008), los tres elementos griegos de ETHOS / LOGOS / PATHOS se cultivaron respectivamente en tres delimitaciones conceptuales distintas de 'retórica': (1) el mundo romano en general y CICERÓN en particular privilegiaron la figura del ORADOR, definiendo 'retórica' como 'el arte de bien decir desde las virtudes de quien toma la palabra' / (2) ARISTÓTELES privilegió el elemento lingüístico mostrando de forma teórica y por vez primera cómo el discurso puede transmitir conclusiones a partir de *razonamientos* **probables** / (3) PLATÓN nos dejó en herencia una concepción de la retórica (que él veía y criticaba en los sofistas) como un juego con palabras centradas en el AUDITORIO para lograr su *manipulación*, sin otro fin que el de hacerles creer lo que no es verdadero: la Sofística se cumpliría hoy en la propaganda y en la publicidad, al conseguir que deseemos lo que no necesitamos; con todo, Platón también apela a ciertos movimientos lingüísticos para expresar la verdad, que recoge bajo el nombre de 'Dialéctica'. Las tres concepciones clásicas de lo retórico eran conscientes de la presencia de tres elementos – lo ético / lo lógico / lo pasional – en este fenómeno, pero discrepaban sobre cuál goza de mayor protagonismo: si las virtudes o el razonamiento o la manipulación. Hacer ver que uno es digno de ser escuchado por poseer supuestamente excelsas cualidades no deja de ser también en cierta medida una manera de manipular; si a esto le sumamos que Aristóteles se esforzó en sistematizar una serie de categorías lingüísticas – lógicas – estilísticas y desarrollar un sistema de ideas objetivado, tenemos ya en Grecia los dos enfoques sobre la Retórica: ¿Técnica Manipuladora o Ciencia? Con todo, ambos dos enfoques coinciden en ser triádicos (aunque privilegien más un elemento): un ORADOR transmite un MENSAJE a un AUDITORIO.

Nuestras aportaciones en esta dialéctica son: (1) una terminología en Lingüística Pragmática / (2) añadir un cuarto elemento a la tríada retórica / (3) delimitar el contorno de la Retórica como Ciencia.

(1) En un discurso oral cualquiera pueden y deberían darse *estrategias* **discursivas** de tres tipos: **argumentativas / persuasivas / comunicativas**, que, sin haber isovalencia, pueden ocupar el lugar clásico de los tres elementos retóricos: quiero transmitir algo digno de ser admitido, por lo que preciso de una envoltura convincente, de cara a conseguir cierta adhesión en función de mis intereses: ¿las estrategias persuasivas tendrían

cierta intersección con el ethos, las argumentativas con el logos, y las comunicativas con el pathos?

(2) 'Transductor', dícese del 'dispositivo u organismo que tiene la
misión o la facultad de recibir energía o información genética
y suministrar otra energía / información genética de diferente
naturaleza o tipo, pero de características dependientes de la
que recibió'; es decir, lo que traslada algo transformando lo
trasladado. Pues bien, a partir de este concepto Jesús González Maestro ha construido en español una Teoría de la Literatura que pivota sobre los tres materiales literarios clásicos del
autor / la obra / el lector, añadiendo un cuarto: el transductor
o intérprete (crítico literario / editor / docente de Literatura).
Dicha teoría científica puede trasladarse al ámbito que nos
ocupa: así, nosotros postulamos, aparte de los tres materiales
retóricos clásicos del ORADOR **ético** (y añadimos: **persuasivo**)
/ el DISCURSO **lógico (argumentativo)** / y el AUDITORIO des-
tinatario de nuestra *pasión comunicando*, un cuarto: el TRANS-
DUCTOR o INTÉRPRETE: ese escuchante supuestamente elegido por su competencia a la hora de detectar y valorar las estrategias discursivas: como los jueces en una competición deportiva de Debate: reciben lo argumentado persuasiva y comunicativamente y lo transportan de forma destilada en una decisión sobre qué equipo ganando a través del tamiz de su propia experiencia previa, por lo que no pueden evitar modificar
lo recibido.

Discusión

(3) Nuestra reflexión va en la línea de discutir el estatuto ontoló-
gico-gnoseológico de la Retórica.

Hay una dificultad de fondo que lo complica todo: ¿qué relación hay
entre las clases lógicas 'Teoría de la Argumentación' y 'Retórica'?; ¿son
conjuntos disjuntos / hay intersección / Retórica = Teoría de la Argumentación / la Retórica como Teoría de la Argumentación / la Teoría
de la Argumentación como Retórica?

Los rótulos 'teoría de la argumentación' y 'retórica' desde mediados del
siglo XX han tenido una presencia creciente en el ámbito académico de
las Ciencias del Lenguaje / del Derecho / de la Sociedad / y del Ser
Humano, debido a la gran renovación que han experimentado las áreas
de conocimiento que evocan, especialmente desde coordenadas geo-
gráficas-culturales francófonas, en menor medida anglosajonas, y con

la reciente incorporación del mundo hispánico en la producción de trabajos científicos relevantes. Con todo, esta ebullición teórica y práctica no está exenta de cierta confusión terminológica y epistemológica respecto a la relación entre ambos campos de estudio: ¿se trata de dos disciplinas al mismo nivel entre sí o alguna tiene primacía sobre la otra? La amplia red de autores da para cubrir todas las posibilidades. Meyer (2013: 58, 77, 62, 87) llega a comentar que tanto Perelman como Toulmin asimilaron la Retórica a la Teoría de la Argumentación desde el logos, mientras que Kenneth Burke puso la Retórica al servicio del ethos, Richards hizo descansar todo el peso de la Retórica en el rol del auditorio – en el pathos -, y Ducrot redujo la argumentación a lo retórico; "no obstante, la gran mayoría de retóricas del siglo XX pusieron el acento en el logos, pues el lenguaje fue verdaderamente el gran tema de ese siglo" (87). También nos dice Meyer (2013: 87 – 88) que las retóricas incompletas tuvieron que respaldarse en otra:

> "El pathos wittegnsteiniano de Richards no podía sino suscitar una elaboración más rica, como la de Gadamer. El ethos de Burke era todavía demasiado impreciso como para no hacerse interpretar por el universalismo kantiano de Habermas. El logos «racional» de Perelman tenía que ser necesariamente contrabalanceado por el que destacaron los teóricos de la Literatura, quienes hicieron del logos la sede misma de la figuralidad; la argumentatividad será percibida como un efecto de esta última."

Para seguir dando muestras de la disparidad de posiciones frente al problema epistemológico de quién tiene prioridad entre el estudio de lo argumentativo y el de lo retórico dejamos aparecer el punto de vista de Luis Vega, para quien la Teoría de la Argumentación sería un saber buscado y abierto con intersecciones con la Retórica y, además, con la Lógica y con la Dialéctica:

> "Por lo demás, recordemos que el rótulo «teoría de la argumentación» sigue siendo hoy el nombre de un campo de estudio, abierto a perspectivas diversas (e. g. lógica, dialéctica, retórica), y no designa un cuerpo sistemático y establecido de conocimientos, ni una disciplina; en realidad no existe tal cosa como LA TEORÍA de la argumentación; es, si acaso, un saber que se busca."

(Luis Vega, en María G. Navarro, 2009: 15.)

Por nuestra parte, seguimos a Michel Meyer en lo de poner en pie de igualdad los tres elementos de base que constituyen lo retórico – orador (ethos) / mensaje (logos) / auditorio (pathos) -; así pues, habría una *Perspectiva* **Retórica** de la PERSUASIÓN / una *Perspectiva* **Retórica** de

la ARGUMENTACIÓN / una *Perspectiva* **Retórica** de la COMUNICA-
CIÓN (y no nos estamos comprometiendo ontológicamente con la existencia de tres retóricas sino de una sola área de conocimiento – la Retórica – con tres puntos de atención bajo una mirada que unifica [pues
cada elemento se da en entrelazamiento con los otros dos]). De esta
manera, la Teoría de la Argumentación en realidad sería un subconjunto
teórico del conjunto 'Retórica'; asimismo los subconjuntos 'Teoría de la
Persuasión' y 'Teoría de la Comunicación'.

La tesis de Michel Meyer (2013: 26) sería la siguiente:

'*relación* **retórica**' =

'negociación de la distancia entre individuos a propósito de una cuestión
dada'.

Nuestra posición teórica es la de concebir 'Retórica' como 'el área de
conocimiento que estudia el entrelazamiento entre lo argumentativo,
lo persuasivo y lo comunicativo en el discurso (bajo una concepción amplia de 'discurso')'.

Recuperamos ahora las preguntas iniciales sobre las que proyectar este
fenómeno en torno a la Filosofía / la política / el Debate de Competición.

Concebimos al orador / escritor / creador de contenidos audiovisuales
en Pensamiento Filosófico o en Filosofía (cuando el pensamiento filosófico se presenta bajo una forma sistemática) como un comunicador que
desde su bagaje cognoscitivo en categorías científicas / en ideas inter-
pretativas de la realidad / y en formas artísticas desafiantes construye
perspectivas sobre las complejidades que nos atraviesan expresadas
bajo una formulación argumentativa que opera contra al menos una línea discursiva de la Tradición Filosófica; reto que para llevarlo a cabo
exige maniobras persuasivas en torno a lo que se pretende argumentar
para que dicho cuerpo argumentativo (que cuando adquiere un grado
elevado de organización programática recibe el nombre de 'sistema filosófico') sea finalmente transmitido a los receptores (escuchantes /
lectores / interactuantes enredados) de su tiempo y de su futuro, requiriéndose competencia filosófica (y científica, y artística) en dichos
lectores, y, requiriéndose, asimismo, competencia en Historia Crítica
del Pensamiento Filosófico a los transductores, aquellos que *leen* para
los demás atendiendo a la intencionalidad realizada en el conjunto de
marcas que constituyen el discurso filosófico (desde un tuit a una enci-
clopedia, desde una voz a una conferencia, desde un vídeo de segundos

a un largometraje o serie televisiva) en función del efecto perseguido por el pensador filosófico en sus destinatarios. Pues bien, en sus operaciones el comunicador filosófico se sirve de estrategias argumentativas / persuasivas / comunicativas, es decir, precisa de recursos retóricos para hacer llegar su mensaje. Lo retórico atraviesa todo el proceso filosófico (ya en la investigación previa, evidentemente en el proceder constructivo, y también en la posterior difusión vía resúmenes, lecciones, ponencias, intervenciones en redes sociales, vídeos). Por ejemplo, el éxito del <u>Tractatus</u> como pieza filosófica mítica no reside únicamente en la fuerza filosófica de sus proposiciones, sino en que es una obra que funciona retóricamente (algo explicable si desplegamos sus recursos); es más, solo es captable su fuerza filosófica gracias a los elementos no solo argumentativos sino también persuasivos y comunicativos con los que fue compuesto); asimismo con los <u>Diálogos</u> platónicos, la <u>Crítica de la razón pura</u>, etcétera. Algunos miembros de la comunidad filosófica con una concepción estrecha y distorsionante de 'retórica' como 'manipulación a partir de elementos no argumentativos' consideran que el valor de su trabajo estriba en ceñirse estrictamente a dar buenas razones, asimismo menosprecian a los que no siguen su proceder lógico como si se alejasen de la verdad por utilizar recursos para convencer (en mayor o menor medida) afectivos / literarios / publicitarios (que denominan peyorativamente como 'retóricos'). Estos practicantes de ideologías antirretóricas (1) a la vez que critican a quienes de forma decidida recurren a elementos no explícitamente argumentativos, (2) no se dan cuenta de que ellos mismos en su dar razones de lo que sostienen también emplean tácticas para ser elocuentes de cara a cierta estrategia: pretenden que sus receptores capten en su obra cierta arquitectura discursiva. Las ideologías disolventes de lo retórico fracasan en su intento por ser ciegas a sus propias operaciones retóricas.

Algunos critican (y no les falta razón) al actual panorama comunicativo político (español e internacional) como un pseudodebate donde lo que prolifera es la mentira, la demagogia y las falacias; y suelen añadir: por parte de gente que lo único que quiere es persuadir. De entrada, cabe recordar que la cuestión de la necesidad de la mentira para la política es un tema recurrente desde Grecia; como nos explica Gustavo Bueno en su tesela audiovisual "Sobre la mentira política" hay pueblos que necesitan tragarse mentiras o asumir medias verdades e incluso aceptar concepciones metafísicas; las democracias fundamentalistas se apoyan en hipótesis como que 'el pueblo es soberano' que siendo claramente mentiras se toman por verdades fundamentales, que no pueden negarse a riesgo de ser tomado como un elemento peligroso y antidemocrático: esto es, el Estado democrático precisa de mentiras políticas para mantener sus estructuras jurídicas e institucionales. Evidentemente, a los políticos actuales les falta nivel para debatir con rigor, honestidad intelectual, actitud moral y altura de miras; querer persuadir de que uno tiene razón (ante un tercero, [pues a nuestros adversarios nunca les vamos a convencer]) eso en sí mismo no es malo; es más, es bueno: porque se debate sobre cuestiones que están abiertas, que no están zanjadas, de ahí que nos haga falta ese elemento persuasivo para inclinar la balanza a nuestro favor. Y es que el mejor argumento del mundo transmitido sin los recursos expresivos adecuados difícilmente influirá. Así pues, sí a la persuasión, pero sin rebasar el límite de lo correcto (esto es, de lo permitido con elegancia discursiva: esa cortesía con la verdad y con el respeto tanto hacia nuestros oponentes como hacia la audiencia general), pues sino caeremos en la manipulación, la falsedad o el insulto combinado que solemos llamar ahora 'posverdad' [un fenómeno ciertamente antiguo, {cuya novedad actual reside en el aumento de la velocidad y del alcance de su difusión}]). En síntesis: sí debemos esforzarnos por argumentar de forma persuasiva contenidos a comunicar, pero ¡con elegancia!

Algunos consideran que el éxito de los torneos de Debate (tanto a nivel universitario como escolar) confirma su fracaso, en el sentido de que los equipos de Debate se han convertido en verdaderas máquinas comunicativas capaces no solo de convencer a cualquiera de lo que sea sino incluso de hacerlo con independencia de la idoneidad de sus métodos, como si el fin de ganar torneos justificase cualquier artimaña retórica (empleando este adjetivo bajo su presentación negativa). Ciertamente el espíritu deportivo en esta modalidad dialéctica no es universal, y algunos precisarían de un reciclaje. Con todo, tenemos que subrayar que el esfuerzo de muchos debatientes por (y el logro en) investigar con rigor, construir líneas argumentativas razonables y razonadas con elocuencia, controlando y gestionando en su interés tanto recursos verbales como no verbales, tanto cognoscitivos como afectivos, tanto racionales como imaginativos, tanto planificados como improvisados, presentar contenidos de forma atractiva, escuchar al otro captando sus posibles debilidades formales o de contenido, interpelar y responder de forma inteligente y eficaz, saber buscar puntos de encuentro sin dejar de subrayar la propia postura, sintetizar, y cerrar un discurso (todo ello en equipo) constituye una exhibición de operaciones argumentativas, persuasivas y comunicativas, esto es, de maniobras retóricas. Al punto de que la competencia principal del debatiente (entrelazamiento de múltiples habilidades y destrezas) es la COMPETENCIA **retórica**. La praxis del Debate como actividad deportiva y pedagógica justifica la consideración de la Retórica como un área de conocimiento.

En definitiva, ¿vivimos en una época dialogante o antidialogante? Esta cuestión es el reto que nos lanza Manuel Bermúdez, desafío al que aquí solo vamos a dar una respuesta telegráfica (o, más acorde a nuestros tiempos, concatenación tuitera). Un fantasma recorre de nuevo el mundo, el del dogma, el de los contenidos acríticos ahora envueltos con las más potentes herramientas comunicativas; en algunos lugares no hay sitio para la oposición y el contraste de pareceres, como donde manda una versión totalitaria de la Religión, o como en la China controladora tanto de su espacio social (donde incluso quieren implantar un listado de puntaje social de toda la población) como de su espacio internáutico (censurado y vigilado), consiguiéndose que los propios ciudadanos no pidan democracia y eviten el diálogo a cambio de no perder un nivel de vida cada vez mejor; mientras que en otros lares declarados abiertos emergen y se distribuyen discursos acorde a los grandes grupos económicos (como las industrias de combustibles fósiles, alimenticia, automovilística, tecnológica y de la moda: nos quieren mirando pantallas [ya desde la Escuela], comiendo productos cárnicos, transgénicos, ultraprocesados, grasientos y azucarados – con frecuencia todo a la vez – envueltos en plástico, cambiándonos de ropa cada temporada y de dispositivo tecnológico cada dieciocho meses, desplazándonos en vehículos contaminantes y comprando más objetos de lo necesario cuyo traslado a cualquier lugar del mundo es contaminante). Para algunos, 'diálogo' significa 'lo que establezco con Amazon'. Ciertamente, en la segunda década del XXI distintas formas de indignación se están esforzando por alzar la voz y poner el foco de interés en lo que importa: cuestiones (entre otras) como la salud medioambiental, la crueldad hacia algunos humanos y muchos animales, la dignidad, el consumo ético, la movilización cívica y la participación política desde las actitudes ética, estética y epistemológica. Con todo, las condiciones de un auténtico diálogo (en el que varios interlocutores formados y competentes se reúnan en igualdad de condiciones para el intercambio crítico y justificado de posiciones) no se están dando. Ni siquiera quien se interesa por el mundo que le ha tocado vivir tiene tiempo para entablar conversaciones: recibe la información a través de síntesis de influenciadores. Se comparten contenidos impactantes sin pasarlos por la reflexión. La novedad tecnológica del siglo XXI son las redes sociales, una promesa de ágora universal donde finalmente cada vez más nos comunicamos no ya con los parecidos a nosotros, sino con nosotros mismos; y cuando varios individuos de perspectivas distintas se cruzan la frecuencia y rapidez con la que salta la consigna / la simpleza / o lo que es peor, el insulto – en definitiva, la incomunicación – es tan espectacular como alarmante. Se pasa del titular al conflicto sin meditación previa ni contraste crítico con el otro. El mundo enredado de espacio abierto para la gran conversación y la gran revolución ha quedado en suministro masivo de datos para los amigos del comercio: verdaderos expertos en ciertos recursos retóricos. Dejando a un lado las todavía existentes dictaduras (donde claramente son espacios antidialogantes), las democracias del siglo XXI no son abiertamente antidialogantes (sirva como ejemplo de ello que se ha podido hablar del Brexit, y, finalmente, una posibilidad que hace pocos años hubiese parecido de difícil realización – como la salida del Reino Unido de la Unión Europea – se está materializando). La ocurrencia de fenómenos imprevistos o no contemplados o de dudosa realización nunca ha podido evitarse ni en dictaduras ni en democracias. ¿Pero esa irrupción es consecuencia de diálogos?; no ciertamente de diálogos en condiciones de igualdad, pero sí de monólogos de los que inventan consignas, acusaciones, confusiones, creencias irracionales, eslóganes, promesas, falsedades, rupturas de consensos alcanzados, intoxicaciones para el consumo desde un vídeo-juego a contenidos culturales mediocres, pasando por una idea de país. Las democracias actuales no son abiertamente antidialogantes, pero sí existen grupos de interés esforzados en poner la dirección mediática en ciertas cuestiones en vez de en otras. Tampoco ayuda que la Universidad ha abandonado su función dialógica (quizá un objetivo nunca realizado, pero existió al menos como ideal), que el mundo educativo ningunea a las Humanidades, que la Empresa dirige los sistemas educativos con la ideología de la eficacia económica a corto plazo, que han decidido por nosotros que tiene que haber una tecnosociedad bajo amenaza de que quien no se adapte quedará marginado, desaparecerá. Todo esto no es que sea muy pro diálogo. A lo largo de toda la mitad del siglo XX se acusó a la televisión de matar el diálogo familiar; al menos reunía a la familia en torno a un electrodoméstico; conforme avanza el siglo XXI más nos aislamos en nuestros dispositivos; un hijo ya no es alguien con quien jugar sino un horario de extraescolares andante que cuando llega a casa siempre le espera su consola. Siendo España el país con más teléfonos "inteligentes" del mundo, tampoco podemos extrañarnos de la aparición de nuevas formas de comunicación entre los individuos, aunque solo con un grado alto de optimismo las podemos catalogar de dialogantes. El mundo laboral también está cambiando; parece ser que hacia una mayor autogestión del trabajador, quien lo que gana en supuesta autonomía lo pierde en derechos sociales; cuando tu principal tarea es cumplir objetivos de cara a cierto proyecto no hay sitio ni tiempo para el diálogo, y mucho menos en un entorno sindical. No resultaría forzado establecer una conexión entre las competencias filosófica y conversacional – a mayor formación filosófica diálogos más críticos podrán surgir -; pues bien, ¡desde 2011 hasta 2017 ha descendido en España la edición de libros de Filosofía en un 62%! Con todo, existen esfuerzos individuales y colectivos por construir condiciones para el encuentro interactivo (tanto en entornos presenciales como digitales) sin mayor limitación que nuestra capacidad para el Pensamiento Crítico (ya sea como un pensar científico o filosófico o artístico), ejercicio para cuyo logro de calidad exige el diseño estratégico y la aplicación práctica de tácticas argumentativas / persuasivas / comunicativas, esto es, de recursos retóricos. No, no estamos en una época dialogante; de ahí que precisemos el estudio en y el cultivo de la Retórica (en cuanto área de conocimiento de las estrategias discursivas) para su consecución. Tal y como recomienda Zeldin, ¡conversemos cada semana media hora con un desconocido!: un método perfecto de aprendizaje.

Recapitulemos (apropiándonos y reformulando en función de nuestro marco conceptual la denuncia de carácter ético e intelectual de Montserrat Bordes expresada a lo largo de toda su trayectoria docente y académica y, especialmente, en su obra cumbre <u>Las trampas de Circe</u>, de 2011): hemos llegado a un punto en la historia donde la calidad de vida desde una perspectiva ética no puede conceptualizarse, apreciarse y evaluarse sin contar con el análisis riguroso, minucioso, preciso y perspicuo de los discursos producidos, usados y difundidos por los poderes políticos, económicos y tecnológicos, también por algunos colectivos contestarios, y repetidos y expandidos por millones de agentes acríticos, sobre lo que hay que creer y hacer para estar hoy en el mundo, mensajes que habitualmente descansan en premisas lógicamente injustificadas pero aceptadas sin más por buena parte de la sociedad, con una desviación epistémica impulsada sin honestidad intelectual desde la falsedad o la descarada tergiversación o la formulación falaz y expresando a veces seductora y otras burdamente simulaciones de razonamiento sin relevancia argumentativa; y lo que es peor, consiguiendo tal grado de adoctrinamiento o encerramiento o convicción que cierran la posibilidad de dialogar, al punto de que ante un escenario interaccional lo que comparte el ya plenamente domesticado suele ser una sucesión de tópicos asimilados (normalmente bajo un formato multimedia lanzado al mundo enredado) sin entrar en la confrontación razonada, razonable y racional. Tampoco es que sepa la audiencia crédula. Falta entrenamiento y buenos modelos sociales de discusión crítica. Para decirlo de un modo directo y sencillo: hay demasiada gente sin saber pensar. Por eso precisamos formación en la *Tradición Filosófica* en general (mermada gubernamentalmente en España de vez en cuando [tanto en las Enseñanzas Medias como en las Superiores]), (para señalar ambigüedades categoriales e imposturas intelectuales en las Ciencias, deshacer malentendidos conceptuales, triturar ideas filosóficas deficientemente razonadas e ideologías que no se cuestionan a sí mismas, y explicar por qué ciertas formas artísticas no funcionan o lo que es peor son bendecidas institucionalmente por criterios cuestionables), asimismo se necesita conocimiento en las Teorías de la Argumentación, de la Persuasión y de la Comunicación, por no decir entrenamiento en Debate de Competición (pues en Debate no se simula razonar, ¡se razona!). Malos tiempos para la práctica retórica completa (aquella que no prescinde de criterios evaluativos sobre lo que es racionalmente relevante) y para la Retórica como Ciencia son malos tiempos para diálogos de calidad y socialmente relevantes. El diagnóstico redactado nos brinda también la receta para vivir en una época dialogante: cultivo de la competencia retórica con responsabilidad epistémica, una praxis con base teórica que nos sacuda la pereza argumentativa.

Conclusiones

De la misma manera que las Ciencias / las Artes / la Filosofía pueden utilizarse como medios para la mentira, el engaño o la propaganda al servicio de cierta ideología sin dejar de ser áreas de conocimiento (o precisamente por constituir espacios del conocer pueden servir a la verdad o a la falsedad [en cuanto sistemas objetivados de categorías / formas / ideas respectivamente]), el fenómeno retórico no queda inhabilitado como presentación de lo razonable por su posible contribución en la descarada manipulación; en el fondo no habría tal dialéctica, sino usos más o menos elegantes (en cuanto deportivos – de juego más bien limpio o más bien sucio -). No habría tal dialéctica, sino una graduación discursiva. Lo argumentativo, lo persuasivo y lo comunicativo están ahí como posibilidades expresivas que requieren entrelazamiento para constituir un discurso para influir en los demás; esta influencia podrá deslizarse bien hacia asumir lo razonable previamente justificado con una forma elocuente o bien hacia lo interesante supuestamente para muchos aunque obedeciendo al interés de unos pocos, habiendo intersecciones – manipuladores al servicio de ciertos intereses pueden servirse de microverdades y amigos del saber pueden servirse de piezas ficcionales o experimentos mentales o metáforas -; todo este entramado de posibilidades constituye un cuerpo de conocimiento necesario tanto para prácticas económicas o políticas como para áreas de conocimiento tanto científicas, como artísticas o filosóficas: la Retórica.

Allí donde haya una cuestión sobre la que debatir se requerirá competencia retórica.

Referencias bibliográficas

Bordes, M. (2011). Las trampas de Circe: falacias lógicas y argumentación racional. Madrid: Cátedra.

Bueno, G. (16 – 3 – 2011). Tesela nº 76 "Sobre la mentira política". Canal de YouTube fgbuenotv.

Maestro, J. G. Canal de YouTuve Jesús G. Maestro.

Martínez, J. (10 – 3 – 2018). "Noam Chomsky: «La gente ya no cree en los hechos»", Babelia,

El País. Recuperado de https://elpais.com/cultura/2018/03/06/babelia/1520352987_936609.html.

Meyer, M. (2013), [2008]. Principhia Rhetorica. Una teoría general de la argumentación. Madrid: Amorrortu.

Perelman, C. y Olbrechts-Tyteca, Lucie (1958), [2006]. Tratado de la Argumentación. La Nueva Retórica. Madrid: Gredos.

Tierno Galván, E. (1968). "Mecánica y Dialéctica". Dianoia, número 14.

Vallejo Á. y Vigo A. G. (2017). Filósofos griegos: de los sofistas a Aristóteles. Pamplona: Eunsa.

Vega, L. (2009) en Navarro, M. G. (2009). Interpretar y argumentar. La hermenéutica gadameriana a la luz de las teorías de la argumentación. Madrid – México: Plaza y Valdés.

CAPÍTULO IV

EL CONCEPTO DE LIBERTAD EN LA ERA DE LA POSVERDAD

Manuel Bermúdez Vázquez
Elena Casares Landauro
Universidad de Córdoba

Resumen:

El concepto de libertad ha sido estudiado con intensidad por gran parte de los filósofos políticos contemporáneos. Sin embargo, la libertad está, hoy más que nunca, sometida a numerosos vaivenes analíticos, a fuertes presiones políticas y al estupor del ciudadano que vive en pleno apogeo de la sociedad del consumo. No queda sino la reflexión sobre este tema, de lo contrario estaríamos condenándonos a vivir el esplendor de una distopía largamente vaticinada tanto por George Orwell como por Aldous Huxley. Y eso es lo que ofrecemos en estas páginas, una reflexión sobre qué es lo que queda de la libertad en nuestro tiempo.

Palabras clave

Libertad, filosofía, contemporaneidad, pensamiento crítico, filosofía política

Abstract

The concept of freedom (or liberty, we are not going to differentiate it here) has been intensively studied by many contemporary philosophers. However, freedom is, today more than ever, subjected to numerous analytical fluctuations, to strong political pressure and to the stupor of citizens living at the height of the consumer society. The only thing left is the reflection on this issue, otherwise we would be condemning ourselves to live the splendour of a dystopia long foretold by Orwell and Huxley. And that is what we offer in these pages, a reflection on what remains of freedom in our time.

Key words

Freedom, philosophy, contemporaneity, critical thinking, political philosophy.

I

"¿Quién es el que goza de tanta libertad que ya no desee más?"

Leonid Andreiev, *Sascha Yegulev.*

Tradicionalmente, la libertad se define, en términos filosóficos, como la capacidad de elegir sin coacciones externas ni internas. Probablemente, esta definición, como todas las que podamos proponer, no sea canónica y se quede corta a la hora de abarcar completamente las complejidades de un concepto que es parte connatural de la naturaleza humana. Se es hombre por cuanto se es libre y se es libre por cuanto se es hombre. La imbricación de la libertad con la naturaleza humana es de tal carácter que una no se entiende sin la otra, de modo que, lo mismo que es imposible definir al hombre, resulta tremendamente complicado definir la libertad.

Decíamos, entonces, que vamos a partir de la definición siguiente a la hora de analizar la abstracción intrínseca al concepto: Libertad es la capacidad de elegir sin coacciones internas ni externas. Pero se da una paradoja: cuando, después de un análisis de diversas opciones, elijo una, me siento empujado, obligado a ejecutarla; a veces, después de haberla elegido, siento la obligación como algo no deseado. ¿Cómo es posible que lo que yo elijo libremente se pueda convertir en una obligación que desearía no cumplir?

El problema anterior se debe a que la libertad tiene dos caras:[22] por una parte, la libertad negativa consiste en no estar sujeto a coacciones, en estar libre de ellas; por otra parte, la libertad positiva consiste en elegir lo mejor para cada uno, es una libertad para elegir la conducta que nos proporcione una vida buena. Vamos a desarrollar estos dos sentidos de la libertad para iluminar los componentes de nuestra conducta moral.[23]

Una rápida mirada a la idea de libertad positiva como fundamento de la conducta moral nos puede servir, también, de orientación. Los animales disponen de una amplia dotación de instintos que les permiten respuestas rápidas y adaptadas a sus estímulos o necesidades. La conducta instintiva se manifiesta de forma idéntica en todos los individuos de la especie. Además es innata, es decir, viene programada desde el nacimiento, aunque cada rasgo se vaya manifestando en distintos momentos de la vida. Esta cuestión provoca, entre otras cosas, que podamos

---

[22] Berlin, (1990: xiii-xvi).
[23] Rachels, (2007).

decir que las hormigas de los tiempos de Pericles sean las mismas hormigas que hay en nuestro tiempo. Los animales no cuentan con sentido histórico alguno, son, por decirlo sin ambages, a-históricos, todo lo contrario que los seres humanos, una de cuyas esencias es el carácter histórico.[24]

Sin embargo, la dotación instintiva del ser humano es mínima. Ante el mismo estímulo, dos personas pueden adoptar conductas muy diferentes. Pues bien, a esa capacidad de elegir respuestas, a esa liberación del estímulo, es a la que, en primer término, se llama *libertad*. Ahora bien, puesto que nuestra vida no nos viene programada por nuestros instintos o por nuestra dotación genética como les pasa a los demás animales, tenemos que decidir cada uno lo que vamos a hacer, somos libres, tenemos que decidir nuestra vida, nuestra conducta. La conducta realizada desde la libertad es precisamente lo que se llama conducta moral. El enfoque desde el que partimos a la hora de realizar este ensayo no es un enfoque pesimista que considera esta característica de la libertad como una carga,[25] sino todo lo contrario: nosotros vemos en la necesidad de tener que elegir cómo afrontar los desafíos de la vida la esencia misma de lo humano.

Frente a la libertad negativa, la libertad positiva está orientada a tener una vida buena. La función de la libertad no termina en ser fundamento de la conducta moral. Va mucho más allá. Las decisiones sobre nuestra vida no se toman a la ligera. La libertad nos prohíbe que elijamos cualquier cosa de modo arbitrario. La libertad vacía de contenido es como un río sin agua: no es un río, no es libertad. Las elecciones hechas en libertad tienen un propósito, un horizonte (a pesar de la carga metafórica enorme de este último concepto, pues el horizonte no es sino la línea que se aleja conforme te acercas y ello le da un aura de desiderátum, de algo inalcanzable a la que, naturalmente, queremos resistirnos). Elegimos aquello que satisface nuestras necesidades o expectativas; nuestra libertad nos empuja u obliga a buscar una vida buena.

Libertad, pues, no es una condición suficiente de los actos moralmente buenos, de la buena conducta moral; como el cimiento no es todo el edificio. Siguiendo la metáfora, igual que el cimiento se construye en vistas al edificio que va a sostener, la libertad se orienta a sostener una conducta moral que nos proporcione una buena conducta moral, una vida buena. La libertad, como el cimiento, no es vacía, no es libertad

---

[24] Ortega y Gasset, (1983: 283-285).
[25] El existencialismo es la corriente filosófica que tenemos en mente en este caso. Podemos ver un caso paradigmático de esta perspectiva pesimista en ese testamento filosófico que es la obra de Jean Paul Sartre, *Les mots*.

para cualquier cosa; es para construir el edificio de nuestra vida buena. Cuando entendemos la libertad como capacidad y exigencia de llenar nuestra vida con una vida buena, hablamos de libertad positiva porque está orientada a poner algo en nuestra vida para que sea buena.

Las acciones morales, pues, tienen que ser libres pero, a la vez, una vez hecha la elección, las percibimos como obligatorias para obtener el bien que perseguimos. Pero obligatorias no significa forzadas, porque somos nosotros mismos quienes nos las imponemos. Una acción forzada requiere que se ejerza desde el exterior la presión para llevarla a cabo, una acción obligada implica que la presión se ejerce desde el interior de cada uno de nosotros.

La libertad es el fundamento en que se sostiene toda acción moral, porque, si la acción es libre, también es moral (aunque sea buena o mala). El concepto contrario es amoral: una piedra no puede ser moral, es amoral, un sueño es amoral, un accidente fortuito es amoral. Se trata de un sentido amplio de la palabra "moral" porque abarca todos los actos libres: buenos y malos, morales e inmorales. Es la libertad negativa porque entendemos que actuamos moralmente (bien o mal) cuando nuestras acciones no dependen nada más que de nosotros mismos.

Como colofón a este bloque introductorio y definitorio consideramos importante señalar un par de cuestiones que son, a nuestro modo de ver, importantes. La primera es que, como se comprobará, resulta en extremo arduo lograr definir la libertad sin recurrir a términos de su misma familia. Ni siquiera tenemos el atenuante de la dificultad de definir este tipo de conceptos abstractos, pues lo mismo no ocurre a la hora de enfrentarse a términos similares, pues no todos requieren el uso de palabras de origen etimológico similar. La segunda cuestión es el esfuerzo voluntario que hemos hecho por mantener el sintagma "vida buena" con este orden preciso de palabras y es que el idioma es importante, ya que en español el matiz es clave, no es lo mismo vivir la "buena vida" que vivir la "vida buena".

II

> "Aquellos que alguna vez han valorado la libertad por sí misma creen que ser libre para elegir y no ser elegido es el ingrediente inalienable que nos hace humanos".
>
> Isaiah Berlin, *Four Essays on Liberty.*

Hemos ofrecido una definición más o menos académica del concepto de libertad con objeto de poder partir, *more socratico*, desde una base si bien no del todo firme, si al menos no tan tambaleante como habría ocurrido de no hacerlo.

El contexto en el que gran parte del mundo vive hoy en día ha producido una situación que podríamos definir como paradoja conceptual. La idea de apertura con la que tratamos de iniciar este ensayo, la de que la libertad es parte fundamental del hombre, está siendo sometida a una serie de presiones resultado de la crisis económica y del nuevo papel que los ciudadanos de los países democráticos se han visto obligados a representar. Si tenemos en cuenta la definición de libertad que proponemos y la analizamos detenidamente, podemos comenzar por el concepto de elección. Elegir algo consiste, al menos como punto de partida, en poder acceder a una panoplia de posibilidades, a un elenco de cuestiones, a un abanico de alternativas. Cuando no existen posibilidades donde elegir, podemos deducir que no existe libertad. Ahora bien, y esta es una de las tesis básicas iniciales con las que presentamos en presente ensayo, si la reacción de las democracias occidentales ante la crisis económica que afecta al mundo entero desde hace un lustro implica una única receta, una única propuesta para resolverla y ni se tienen en cuenta otras alternativas, ahí estaríamos empobreciendo la idea de libertad que va aneja al concepto de democracia.

Una de las cuestiones que ha quedado más clara en toda Europa ha sido que, independientemente del color político de los partidos que hayan accedido al poder en los últimos años, todos se han visto obligados a gobernar según unos criterios económicos unívocos pertenecientes al liberalismo económico entendido de una determinada manera. Dicho de otro modo, las recetas económicas con las que se ha afrontado en gran parte del mundo la crisis económica son todas pertenecientes al capitalismo más radical, menos social. Ya gobernara la izquierda, ya lo hiciera la derecha, todos los líderes políticos se han visto obligados a seguir obedientemente los mandatos de los mercados. Los mercados, ese ente informe, amenazante, sin identidad, y del que, en cambio, muchos de los ciudadanos de a pie forman parte sin ser conscientes de ello, se han mostrado, además, tremendamente alérgicos a la democracia y, por ende, a la libertad. Podemos citar algunos ejemplos en el seno de la propia Unión Europea. El anterior primer ministro griego, Yorgos Papandreu, líder del poderoso partido socialista griego, el Pasok, anunció que se proponía a convocar un referéndum para consultar con su pueblo si estaban dispuestos a afrontar los recortes de todo tipo que se les venían encima caso se aceptar la ayuda financiera de la Unión Europea. No creo que nadie objete que un referéndum es una forma democrática de consulta popular. Pues bien, la propuesta de Papandreu no duró ni dos días, después de los cuales se produjo la dimisión del primer ministro fruto de las presiones internas y externas, tanto de los mercados como de los miembros de su partido y de la oposición. Los mercados se mostraron sumamente contrarios a cualquier tipo de consulta popular. El mundo de las finanzas mostraba, así, su poder a la hora de intervenir en los asuntos internos de cualquier país. Se cortaba de raíz la posibilidad de ejercer uno de los derechos fundamentales al pueblo griego, se ponían cortapisas a la libertad.

Se me ocurre otro ejemplo que puede ser citado también ocurrido en Europa. Silvio Berlusconi fue durante años primer ministro italiano. Dirigió de forma controvertida los destinos de su país durante más de una década, sin embargo no aguantó ni dos semanas el asedio de los mercados. Al poco tiempo de la presión sobre la deuda de su país se vio obligado a dimitir. En su lugar de designó a un gobierno de tecnócratas. Existe una imagen que es elocuente por sí misma. Los nuevos miembros del gobierno italiano, designados que no elegidos, no eran conocidos por los periodistas que se ocupaban de los asuntos parlamentarios y políticos del país transalpino, de modo que estos se veían obligados a acudir al hemiciclo con una foto con los nombres de los ministros para poder identificarlos en sus intervenciones. No podemos cuestionar la buena voluntad de los nuevos ministros, ni que sus intenciones sean buenas y traten de buscar lo mejor para su pueblo, pero de lo que no cabe la menor duda es que la democracia italiana ha visto en carne propia cómo la libertad democrática ha sido sacrificada en el altar de los mercados. Ninguno de esos nuevos ministros fue elegido, no hubo intervención popular para designarlos, los ciudadanos nos fueron consultados. Es, salvando las distancias, un ejemplo terrible de despotismo ilustrado en pleno siglo XXI.

Y podemos preguntarnos entonces, ¿dónde queda la libertad? ¿Dónde está esa panoplia de alternativas que exige la libertad para poder elegir entre ellas? ¿Solo existe una manera de afrontar la actual crisis? ¿No estaremos enfrentándonos más bien a una crisis democrática y de libertades más aún que a una crisis económica? La situación actual parece arrojar como resultado una serie de dudas sobre el propio sistema con el cual nos regimos. Estas dudas están hermanadas, indefectiblemente, con la pérdida paulatina de las libertades democráticas en el seno de los países occidentales que tanto énfasis han puesto en los últimos años por arrogarse el derecho de ser representantes de la verdadera democracia, cuando podemos ver, con los ejemplos dados, que quizá no sea así, que Europa ya no es el baluarte de la democracia y los derechos sociales que trataba de ser.

III

> "La libertad, Sancho, es uno de los más preciosos dones que a los hombres dieron los cielos; con ella no pueden igualarse los tesoros que encierran la tierra y el mar: por la libertad, así como por la honra, se puede y debe aventurar la vida".
>
> Miguel de Cervantes, *Don Quijote de la Mancha*
>
> (Segunda Parte, capítulo LVIII).

Si hay una zona en el mundo donde la libertad está siendo conculcada de una forma más paradójica es en Europa. La paulatina cesión de soberanía que muchas democracias europeas están permitiendo es un proceso que merece un análisis detallado. Sobre todo si tenemos en cuenta que se trata de uno de los polos democráticos de mayor fuerza e influencia en todo el mundo. Europa, encarnada por ese ente supranacional que es la Unión Europea, está asistiendo impasible al huracán económico que se le ha venido encima. No podemos dejar de sorprendernos al contemplar que países de tradición democrática consolidada como Grecia, Italia, Portugal o Irlanda ven reducidas sus cuotas de soberanía de manos de los mercados. No solo algunos de estos gobiernos han sido formados por tecnócratas que no concurrieron a las urnas y, por lo tanto, no fueron elegidos por el pueblo, sino que también vemos cómo trata de maquillarse este evidente atentado a la libertad de los ciudadanos mediante maniobras mediáticas en ocasiones burdas.

En Grecia, verbigracia, quizá apelando a la tradición platónica, se habló de la formación de un gobierno de notables. La propia expresión, con evidentes reminiscencias de la *República* platónica, representa, de nuevo, la claudicación de las libertades ciudadanas, el sacrificio de la política en el altar de la economía.

Aparece evidente que, en un ensayo que se ocupa de la reflexión sobre la libertad, tratemos de ver su presencia real en nuestras sociedades. Ya desde la obra ya citada de Isaiah Berlin, *Cuatro ensayos sobre la libertad*,[26] ha habido un debate intenso sobre si la libertad es un concepto abstracto o no. Si consideramos que la libertad puede ser un concepto concreto, prácticamente medible empíricamente, quizá estemos haciendo bien en analizar la situación de las libertades en estos comienzos del siglo XXI.

---

[26] Berlin, (1990).

Quizá, en este maremágnum de crisis económica global y crisis identitaria y de valores que está sufriendo el mundo occidental en particular, deberíamos comenzar nuestro análisis por la reflexión de uno de los pilares sobre los que, tradicionalmente, se han sostenido las democracias y las libertades que estas representan: la división de poderes y el acceso a la información. Comencemos por esta última, la información.

Una de las ideas que defiende el relato contemporáneo sobre la libertad es que esta se apoya en el fluir de información que permiten los medios de comunicación.

De hecho, y como expresión enfática del poder que los medios de comunicación han ido acumulando en las últimas décadas, a la sociedad contemporánea se la ha etiquetado como "sociedad de la información". Sin embargo, esto no parece sino una de las trampas del sistema. Lo paradójico es que podemos presentar un análisis que muestra lo contradictorio de esta situación. Existen, al menos, cinco tipos diversos por los que este flujo de información que recibimos y que debería contribuir al desarrollo de las libertades de los países que disfrutan de él, se convierte en fuente de desinformación.[27] Estos cinco elementos son:

1) Desinformación por cantidad. Ante la gran cantidad de información que recibimos, esta se convierte en ruido. No tenemos la capacidad de retener, valorar y ordenar este alud informativo. Nuestro cerebro no está diseñado para entender una cantidad tan grande datos. La edición dominical del *New York Times*, contando todos sus suplementos, tiene más de 600 páginas. Semejante cantidad de información es imposible si quiera leerla, sobre todo si tenemos en cuenta que el lunes arrancaría de las prensas una edición del periódico totalmente nueva.

2) Desinformación por velocidad. El vértigo de la información hace que una tragedia oculte otra. La hiperbolización de los eventos que llevan a cabo los medios de comunicación provoca que una noticia desdibuje a otra en el rato que va de un telediario a otro. Como escuché una vez en el metro de Buenos Aires: "no hay nada más viejo que el periódico de ayer". La velocidad de las noticias hace que estas pierdan sus bordes, su forma, y se confundan con el fondo que, además, no es otra cosa que ruido.

3) Desinformación por pornografía. El exhibicionismo de la imagen genera una competencia hacia la obscenidad que acaba eliminando cualquier criterio de gusto o discriminación. La realidad se nos muestra tan directa, tan desnuda, que el cerebro no

---

puede sino crear mecanismos de defensa psicológicos para evitar el sufrimiento. Un ejemplo interesante de esta cuestión puede estar en la famosa foto que consiguió el premio Pulitzer en 1994. El fotógrafo, Kevin Carter, se acabó suicidando poco después. Esta foto, con su obscena muestra de una realidad conmovedora y durísima es un ejemplo claro de esta figura. En los años 80 los medios de comunicación mostraron continua e insistentemente las terribles imágenes de la muerte y la desolación que las hambrunas que padecía el cuerno de África estaban provocando, curiosamente, esta situación condujo al efecto contrario que pretendía, la opinión pública de medio mundo quedó anestesiada ante tanto dolor y tanto sufrimiento. Las imágenes ofrecidas, claro ejemplo de desinformación por pornografía, no podían ser asimiladas por las personas que las veían y la respuesta que se producía era la de bloquear el pensamiento ante semejante atrocidad.

4) Desinformación por simplificación. El funcionamiento mismo de los medios de comunicación, del lenguaje comunicacional, necesita de mensajes cortos y directos eliminando todo lo que sea complejidad del matiz que, por otra parte, es necesario para una comprensión de la cuestión. El primero en quedar mortalmente herido ante esta situación es el análisis y sin análisis no puede haber crítica ni propuestas alternativas. Los mensaje simples, breves, se convierten en intentos torpes de reflejar la complejidad de la realidad que tienen detrás.

5) Desinformación por homologación. Cada información tiene su puesto, su turno en las noticias, cada dato tiene su recipiente preparado en cada medio en el momento que se estima oportuno. De aquí viene el orden que tienen las noticias en los periódicos o en los telediarios: nacional, internacional, economía, deportes, etc. Se presentan estas informaciones de forma compartimentada y desvinculada del resto de la realidad. Se muestra así el componente de desinformación que esta figura plantea. Las noticias se ofrecen como si formaran parte de compartimentos estancos que no tiene relación con el resto de la realidad, siendo esto completamente equivocado, ya que, si algo tiene el mundo de hoy en día es su carácter interrelacionado. No se puede entender el funcionamiento de una red contemplando exclusivamente uno de sus agujeros.

En cuanto a la división de poderes, es evidente que esto es un mito. Podemos afirmar sin ambages que, hasta donde alcanza nuestro conocimiento, en ningún país occidental se respeta escrupulosamente este concepto. Los órganos de dirección del poder judicial son elegidos por el poder ejecutivo y el poder legislativo también se ve una y otra vez, sometido a los mecanismos de poder del ejecutivo. Así, podemos comprobar que la situación política actual es un pálido reflejo de lo que realmente debería ser.

Resultado de todo esto es que los ciudadanos creen vivir en una democracia que respeta sus libertades, cuando en realidad esto no es sino una apariencia. La realidad es que somos libres de elegir si vamos a una pizzería o a una hamburguesería, pero no somos libres a la hora de elegir el sistema por el que nos regimos. La libertad se ha visto lastrada terriblemente por un sistema que, paradójicamente, trataba de respetarla. La mano invisible de los mercados se ha convertido en la mano estranguladora que designa qué tipo de políticas hay que llevar a cabo.

En la práctica, los ciudadanos pueden votar a uno u otro color político pero las políticas que estos partidos van a llevar a cabo son políticas previamente diseñadas que no pueden salirse del marco del capitalismo liberal (V. Verdú, *El estilo del mundo*),[28] unas políticas que se deben ceñir a los rigurosos estándares económicos que no admiten discusión ni alternativa y, si no hay alternativa, no hay libertad real, por mucho que se nos permita viajar y expresar esta misma opinión en un foro como este.

Vivimos, así, en una situación de aporía, con las terribles tensiones que estas contradicciones traen consigo.

Tras la desaparición del bloque soviético, escenificado con la caída del Muro de Berlín en 1989, el mundo entero se quedó asombrado al comprobar que la vieja estructura dialéctica de la Historia, la que se venía produciendo desde que Heráclito la pergeñó de esa manera oscura y compleja que era tan de su gusto,[29] se derrumbaba hecha pedazos. Insignes intelectuales conservadores se lanzaron a la reflexión de las implicaciones del nuevo panorama y lo hicieron con un entusiasmo tal que no temían caer en contradicciones aparentes, como le pudo ocurrir a F. Fukuyama en su obra *El fin de la historia y el último hombre*.[30]

Fukuyama no parece dudar en hacer suyo un concepto marxista, como era el concepto del materialismo dialéctico, si con ello lograba poner de manifiesto que el archiconocido sistema dialéctico se había quedado sin

---

[28] Verdú, (2003).
[29] Fragmentos presocráticos: de Tales a Demócrito, Madrid, Alianza, 1998, pp. 125-146.
[30] Fukuyama, (1992).

la antítesis necesaria para su desarrollo y funcionamiento. Sin la alternativa comunista, necesaria para explicar el movimiento dialéctico de la historia, el mundo quedaba abocado a la parálisis, pues sin alternativa, sin elección, todo el sistema se esclerotiza.

Consecuencia de esta nueva situación es que el capitalismo se ha convertido en un ente omnímodo y omnipresente. Vivimos en un sistema que genera sus propias contradicciones a pequeña escala para dar la ilusión de movimiento pero este, en realidad, nunca se produce. Estas minúsculas contrapartidas son rápidamente deglutidas y asimiladas por el sistema imperante que, además, no permite la presencia de alternativas reales. Pero ofrezcamos algún ejemplo concreto de esta nueva situación. Hoy en día podemos comprar en la tienda Zara de Nueva York una camiseta con la famosa foto del Che Guevara en su pose más característica. Este ejemplo, que a priori puede parecer una boutade, no es sino la confirmación más patente de que el sistema actual no permite ningún resquicio. Un icono de la revolución comunista como fue el Che ahora está presente en el corazón del sistema financiero mundial, Nueva York, de la mano de una de las empresas abanderadas de la globalización, Zara, que tiene sedes en todo el mundo.

No es baladí que hayamos elegido este ejemplo en concreto.

Da la impresión, pues, de que no hay manera de oponerse a este estado de cosas.

Se podrá decir, desde una perspectiva analítica, que el hecho mismo de poder expresar estas opiniones libremente en este foro pone de manifiesto la "contradictio" de parte del discurso que venimos defendiendo.

Al contrario, la propia esencia del sistema es la que permite que estas paradojas ocurran. Al sistema actual, al que nos resistimos a ponerle etiquetas por temor de caer en errores y simplificaciones, no le importa la expresión de disenso, ni siquiera le resulta inconveniente la descripción de su funcionamiento interno, pues estas cuestiones forman parte de él. El sistema consiste justo en eso mismo: es un modelo omnipervasivo que permite la apariencia de movimiento pero que, en realidad, oculta la realidad de la esclerosis sistémica. Y de nuevo arribamos al que se ha ido convirtiendo en el leitmotiv de este ensayo, la apariencia falsa de alternativa es como no tener alternativa y el carecer de opciones donde elegir representa la falta de libertad, puesto que este concepto, cuyo análisis nos preocupa aquí ahora, exige como condición "sine qua non" la presencia de alternativas entre las que poder escoger.

IV

> "As long as only one hundred of us remain alive we will never on any conditions be brought under English rule. For we fight no for glory, nor riches, nor honours, but for Freedom alone, which no good man gives up except with his life".
>
> Declaración de Arbroath, Escocia, año 1320.

En todo debate que se pretenda serio no se pueden perder de vista los fundamentos. El análisis que hasta ahora hemos ofrecido es, inevitablemente, controvertido. Sin embargo, si mantenemos la mente en el concepto de libertad tal y como lo hemos venido ofreciendo, nos daremos cuenta de que nuestro estudio no carece de cierta proximidad con los acontecimientos que se están desencadenando en gran parte del hemisferio occidental. Las democracias europeas y también la norteamericana tienen una larga tradición de defensoras de la libertad como el más básico de los derechos humanos, un ideal por el que vale la pena luchar. El filósofo inglés John Locke, cuya filosofía política fue de importancia capital para los padres fundadores de Estados Unidos y para algunos de los ideólogos de la Revolución Francesa dejó establecido que la justificación última de la constitución legal de un estado, de cualquier estado, debía ser el asegurar la libertad de sus ciudadanos. "La finalidad de las leyes no es abolir o contener, sino preservar y ampliar la libertad".[31]

Según la Declaración de Independencia de Estados Unidos de 1776, la libertad, junto con el derecho a la vida y la búsqueda de la felicidad, era uno de los derechos naturales e inalienables con los que estamos dotados todos los seres humanos por igual. Sin embargo, parece que uno de los precios que tenemos que pagar por la libertad es el castigo de ser eternos vigilantes de la misma. El riesgo de no permanecer atentos es que los gobiernos o ciertas instituciones de alto nivel erosionen las libertades civiles o vayan recortando los límites de nuestra libertad paulatinamente. A este fenómeno ya estamos asistiendo en primera persona. Tras los atentados terroristas del 11-S el gobierno de Estados Unidos promulgó la conocida como Ley Patriótica que, en la práctica, supone un elevado recorte de las libertades de los ciudadanos norteamericanos. Además, esta ley, que inicialmente estaba prevista para durar solo durante un periodo corto de tiempo, no parece que vaya a ser derogada a corto plazo y eso que lleva más de diez años en vigor. Tampoco

---

[31] Locke, (2014: 57).

parece que haya un coro de plañideras quejándose por ello, los ciudadanos norteamericanos dan la impresión de haber olvidado la misión de vigilantes de su propia libertad que la carta de ciudadanía otorga.

Pero no nos asombremos, Isaiah Berlin ya previó este riesgo. Una vez que los líderes de un país tienen la autoridad suficiente corren el riesgo de convertirse en visionarios o fanáticos que, una vez convencidos de cómo deben ser las cosas, caminan en esa dirección por encima de todo y de todos pensando que es en el interés general por lo que están actuando. ¿No encontramos ciertas similitudes entre este relato teórico y lo que hoy está aconteciendo a nivel global para enfrentar los problemas vinculados a la crisis económica? ¿No nos llevan nuestros líderes por el camino que ellos han diseñado y que consideran es el más adecuado a pesar del reguero de malestar que van dejando a su camino? ¿Son realmente consultados los pueblos afectados sobre las políticas que se van a llevar a cabo? El riesgo que estamos corriendo, doble riesgo además en este caso por cuanto no hay manera de poner las riendas al terrible poder desbocado de los mercados financieros internacionales que parecen no tener una cara concreta, es el de caer en formas paternalistas de gobierno.[32] Estas formas paternalistas, que en realidad se están ya produciendo en medio mundo, pueden convertirse fácilmente en tiranías, estableciendo unas metas concretas para una sociedad y priorizando una forma de vida determinada para sus ciudadanos (si es que podemos llamar ciudadanos a la masa de la población con escaso o nulo poder de decisión sobre las políticas que sus gobernantes pueden llevar a cabo). El paso que va desde aquí hasta que los dirigentes se arroguen el derecho a ignorar los deseos y necesidades de sus ciudadanos es muy corto.

Sabemos bien que la libertad no se consigue fácilmente. En las páginas precedentes hemos comprobado la frecuencia con la que el concepto mismo de libertad cae en paradojas y, en ocasiones, incluso en contradicciones. Estados Unidos, auto-proclamado defensor de la libertad, no solo mantuvo la esclavitud durante más de un siglo después de obtener

---

[32] La fuerza del mercado es tan colosal que es suficiente comparar dos cifras para entenderla: anualmente la economía real, la que produce cosas tangibles, crea, en todo el mundo, una riqueza estimada de 45 billones de euros. Mientras que, en el mismo periodo de tiempo, la economía financiera, los mercados, que trabajan con productos intangibles que no tienen existencia real, mueven capitales por un valor de 3450 billones de euros, 75 veces más de lo que produce la economía real. El resultado es que no hay ningún país en el mundo que pueda enfrentarse a ese nuevo Leviatán que son los mercados. Véase http://www.monde-diplomatique.es/?url=editorial/0000856412872168186811102294251000/editorial//?articulo=1f197f01-9a45-4451-81b0-4ffe3a916e07 [8 de abril de 2015]

su independencia, sino que hoy en día, en pleno siglo XXI, sigue manteniendo cárceles ilegales donde hay prisioneros torturados y mantenidos en cautividad sin acusaciones y sin abogados. La Francia de la revolución de 1789 también asistió con estupor a los desmanes del Terror a cuyo frente se situó Robespierre. En 1871, la Comuna de París fue ahogada en la sangre de los ciudadanos de la mano de Thiers y Gambetta, dos líderes políticos a los que no les tembló el pulso a la hora de enterrar, literalmente, este movimiento ciudadano, quizá uno de los momentos de mayor auténtica democracia que haya conocido la historia.[33]

En 1795, Thomas Paine, intelectual y revolucionario norteamericano de origen inglés, escribió: "Aquel que quiera asegurar su propia libertad debe defender de la opresión incluso la libertad de su enemigo".[34] ¿Qué ha sido de estas palabras? Robespierre, en 1794, justificó el recorte de las libertades civiles a causa de la amenaza que para la revolución suponían los ejércitos enemigos. ¿No es esto justamente lo que está pasando hoy en día? En Europa, en los últimos años, se piden, día sí día no, más y más sacrificios a los ciudadanos para combatir la crisis económica. Estos sacrificios no son solo de corte económico, son de todo tipo. El hueco que los servicios sociales van dejando vacío es ocupado, rápidamente, por intereses privados que se muestran ávidos por apoderarse de ese nicho con objeto de aumentar sus resultados económicos. Cada paso que los líderes europeos dan hacia la dirección supuesta de la recuperación económica va dejando, en el camino, amplios sectores de servicios públicos que no van a prestarse más a los ciudadanos. La libertad va viendo minadas sus bases y sus fundamentos. Todo este discurso que nos ha llevado a traer a colación autores e ideas clásicas sobre la cuestión de la libertad es mucho más real y presente de lo que parecía. Es hoy, en nuestro propio tiempo, en el mismo momento en que estas líneas son leídas, cuando se está produciendo esta claudicación paulatina de la libertad. El cuarto presidente de Estados Unidos, James Madison, decía: "Los medios para defenderse contra un peligro extranjero históricamente se han convertido en los instrumentos de la tiranía en el propio país". Para que la analogía quede completa solo resta

---

[33] Véase, por ejemplo, Lissagaray, (2004).
[34] Paine, (2011).

poner al mercado donde aparece el enemigo extranjero. El resultado es el estado de cosas de nuestro tiempo.[35]

Los ciudadanos de las democracias occidentales parecen haber perdido, sin mayor protesta, la capacidad de decidir. Se les ha hurtado el derecho a ejercer su libertad política. Voten a quien voten los ciudadanos, los gobiernos electos no se saldrán un ápice de la agenda económica prevista, agenda que, por otro lado, ha sido previamente diseñada por un poder sobre el que nadie tiene soberanía, el poder del mercado. Esta situación, que vista así puede parecer simplificada pero que, tristemente, es de este modo, nos hace retroceder políticamente dos siglos. John Locke describía una situación similar: "Siempre que haya una agrupación de hombres, aunque estén asociados, que carezcan de un poder decisorio al que apelar, seguirán permaneciendo en el estado de naturaleza".[36] En esta situación justamente estamos viviendo hoy en día.

V

> "Give me the liberty to know, to utter, and to argue according to conscience, above all liberties".

> John Milton, *Areopagitica.*

¿Tiene sentido, entonces, hablar de libertad hoy en día? Atendiendo a todo lo presentado hasta ahora parece que, hoy más que nunca, la libertad corre el riesgo de no valer nada. La libertad aparece en los discursos de personajes tan dispares como Silvio Berlusconi, George W. Bush, Václav Havel, Vladimir Putin, Stéphane Hessel o Aung San Suu Kyi. Si estos líderes políticos e intelectuales utilizan la misma palabra para legitimar sus discursos quizá quiera decir que el significado de la libertad ha perdido su perfil y ha visto esfumarse su contorno. Da la impresión de que nos ha tocado vivir un periodo en el que no se puede encontrar en ninguna parte una libertad que sea digna de este nombre. No parece que haya una capacidad de elegir sin coacciones. No hay de donde elegir, no existen alternativas. Las distintas constituciones de los países occidentales, a pesar de incluir la palabra en la mayoría de sus

---

35 Algo similar cabría decir de la llamada "guerra contra el terrorismo". George W. Bush declaró esta guerra en nombre de la tolerancia y la libertad, sin embargo, por el camino han quedado cientos de miles de víctimas, a las que hay que añadir la pérdida de libertades civiles, la desaparición de los derechos humanos, una legislación represiva, etc. Además, paradójicamente, este mismo concepto de "guerra contra el terrorismo" no hace sino dignificar a los terroristas, pues una guerra es el antagonismo entre ejércitos, entre soldados, y el soldado tiene una pátina de la que carece el terrorista.
36 Locke, (2014: 89).

textos, no son sino pálidos simulacros de los valores y derechos humanos que hay detrás de ella.

El modelo capitalista que ha impuesto su ley conculcando en el camino los derechos más elementales de los ciudadanos también ha probado a aportar su solución al nudo gordiano que se ha planteado. Las pretensiones que la libertad implica, los valores vinculados a la democracia, son considerados desmesurados por este sistema. La libertad, en su forma pura, es vista como un extremo indeseable. Haciendo mención al título de este ensayo, lo que pide el modelo imperante en nuestro tiempo es que traslademos la poesía de los ideales de la libertad y la democracia a la prosa de lo cotidiano y aceptemos que allí donde haya elecciones con varios partidos presentes se reconozca la presencia de la libertad. El resto sería una utopía. Pero lo que este modelo no comprende es que el cuerpo de la ciudadanía debe poder elegir a un grupo de gobernantes que, efectivamente, pueda llevar a cabo una política diferente si esto es lo que ese grupo de personas quiere. Recordemos el texto de Locke con el que cerrábamos el apartado anterior, si el cuerpo social carece del poder de decidir es como si retrocediéramos al periodo anterior, al estado de naturaleza, en el que aún la sociedad carece de las virtudes que la libre asociación de las personas produce. También es interesante añadir, frente a la acusación de utopía que se infiere de la supuesta postura de la *real politik* que dice que debemos conformarnos con la libertad tutelada y limitada de la que gozamos, que lo utópico no es negativo y, para ello, podemos mencionar a un pensador tan poco sospechoso como Max Weber, quien concluyó su obra clásica, *La política como profesión*, con estas palabras: "Es completamente exacto y confirmado por toda la experiencia histórica, que lo posible no se habría alcanzado si en el mundo no se intentara una y otra vez lo imposible".[37]

Si caemos en el error de declarar que la libertad es una utopía en su sentido etimológico estricto, cualquier caricatura campará a sus anchas sobre el terreno cedido y acabará con todas las trazas de nobleza y humanidad que la palabra misma porta consigo. El aura casi sacrosanta que la libertad tiene, producto de siglos de luchas y sangre derramada, desaparecería sin dejar rastro y sin producir protestas. Allí donde el poder puede domesticar y controlar las palabras es donde ya está en marcha el totalitarismo. Si renunciamos al significado profundo de la palabra libertad estaríamos claudicando y admitiendo la pérdida del concepto mismo. La autonomía, una premisa irrenunciable de la propia libertad, por cuanto consiste en darse a sí mismo la propia ley, *autos nomos*, también está en riesgo.

Visto todo esto es cuando queda claro que, hoy más que nunca, se vuelve indispensable el pensar la libertad, razonar sobre lo que es este concepto lábil e inasible, tratar de delimitarlo para comprobar su grado de presencia en nuestras vidas, analizar si las libertades existentes son propiamente libertades o pálidos reflejos de un concepto gigante, si aún tiene vigencia. La libertad no puede ser secuestrada por un modelo de sistema como el imperante en nuestro tiempo. La libertad no debe ser la coartada de un sistema que impide la existencia de alternativas. La libertad no es un concepto relegado al estudio de una serie de filósofos o especialistas. La libertad somos todos nosotros. Como decíamos en las primeras líneas de este ensayo, la libertad es un concepto que es parte connatural de la naturaleza humana, se es hombre por cuanto se es libre y se es libre por cuanto se es hombre. La libertad requiere de un trabajo directo, personal, es nuestro trabajo más delicado e importante. La libertad constituye, de hecho, el horizonte político irrenunciable e ineludible de la autonomía humana.

La libertad necesita de una convicción y una fe que la sostenga y parece que hoy en día hay pocas personas capaces de ofrecer eso.

Bibliografía

BERLIN, I. (1990). *Four Essays on Liberty*, Oxford, Oxford University Press.

FUKUYAMA, F. (1992). *The End of History and the Last Man*, London, Penguin.

LISSAGARAY, H. (2004). *La comuna de París*, Tafalla, Txalaparta.

LOCKE, J. (2014). *Tratado sobre el gobierno civil*, Madrid, Alianza.

ORTEGA Y GASSET, J. (1983). *Obras completas*, vol. VIII, Madrid, Alianza.

PAINE, T. (2011). *Dissertation on First Principles of Government*, Ann Arbor, University of Michigan.

RACHELS, J. (2007). *The Elements of Moral Philosophy*, Nueva York, McGraw Hill.

RAMONEDA, J. (2000). *Después de la pasión política*, Barcelona, Taurus.

SARTRE, J. P. (1972). *Les mots*, París, Gallimard.

VERDÚ, V. (2003). *El estilo del mundo: la vida en el capitalismo de ficción*, Madrid, Alianza.

WEBER, M. (2007). *La política como profesión*, Madrid, Biblioteca Nueva.

(1998). *Fragmentos presocráticos: de Tales a Demócrito*, Madrid, Alianza.

CAPÍTULO V

NATURALEZA DE LA POSVERDAD. ALCANCE DEL FENÓMENO EN EL ESTADO DE DERECHO Y CLAVES PARA UN PERIODISMO DE CALIDAD.

Dra. Inés Méndez Majuelos
Universidad de Sevilla

Sandra Pérez Castañeda
Universidad de Granada, España

Resumen

Aclarar la naturaleza de la posverdad es el punto de partida de este trabajo que pretende abordar sus efectos en la verdad y la justicia. En la primera parte se aborda el análisis de la naturaleza de la posverdad e incide en el contexto y circunstancia, tanto comunicativa como de época, que constituyen el hábitat presente del fenómeno. Como término ha nacido a finales de siglo pasado, en la era de los medios de comunicación de masas, y su problemática está siendo investigada particularmente en los medios digitales contemporáneos de distribución masiva de información. Medios que juegan un papel fundamental en la formación de la opinión pública.

Una vez aclarada la vinculación entre posverdad, verdad y opinión, en este trabajo se presenta un análisis de cómo la información periodística puede llegar a ser una fuente de posverdad en asuntos delicados como es el caso de las informaciones de procesos judiciales donde la presencia del fenómeno puede dañar pilares del Estado de Derecho como la presunción de inocencia o la protección de ciudadanos o colectivos en una circunstancia de especial vulnerabilidad. En este sentido, este trabajo aporta claves para frenar la posverdad a partir de una información periodística de calidad.

Palabras claves

Posverdad, justicia, periodismo, opinión pública, Estado de Derecho.

1. Naturaleza y contexto de la posverdad

Hay autores que apuntan a que el fenómeno posverdad no es nuevo si no con largo recorrido en la historia. Sus componentes, de hecho, han sido analizados desde la Antigüedad. La opinión, la dóxa, fue descrita por los presocráticos como distinta a la verdad, Platón se afana en distinguir conocimiento y opinión, epísteme y dóxa; los debates sobre validación de juicios o revisión de creencias también abordan elementos relacionados con el fenómeno. Hay a su vez autores quienes vinculan la asunción de la posverdad al contexto actual de comunicación digital y redes sociales predominantes en el momento en que el término se ha popularizado y su problemática se ha convertido en una tópica de nuestro tiempo. Se asocia posverdad a la mentira política, a la mentira emocional, al rumor, al bulo, a la información falsa, a la información errónea, o a la desinformación. En algunos entornos, se ha generalizado la tendencia a identificar posverdad y noticias falsas, fake news, sin atender a otras fuentes y manifestaciones, lo que considero reduce el alcance del fenómeno al tomar la parte por el todo. Falta, por tanto, aclarar su naturaleza y su desarrollo presente ya que, sea una constante en la historia del hombre este fenómeno recientemente surgido o bien refleje algo propio de nuestros tiempos, cierto es que en la actualidad está cobrando unas dimensiones y unas características que merecen ser investigadas, como así está ocurriendo desde diferentes perspectivas de conocimiento como el estudio computacional e informático, el comunicativo, el periodístico, el sociológico, el psicológico y el filosófico.

Entre los que sostienen que la posverdad es un fenómeno antiguo con nombre nuevo encontramos a Manuel Arias Maldonado (2017) que se refiere a ella como «un viejo conocido con nombre sexy» 0 José Antonio Pérez Tapias (2017) que subtitula uno de sus ensayos sobre posverdad «Nuevo capítulo en una vieja historia de hipocresía y cinismo» (2017). La primera aparición del término según Oxford data de 1992 en un artículo de opinión del dramaturgo Steve Tesich publicado en The Nation en el que, analizando los relatos mediáticos de la Guerra del Golfo y del caso Watergate, acuña «posverdad» para criticar los desvíos de la verdad de estos relatos. Desde su primera mención pública, posverdad se vincula al relato periodístico y comunicativo en el contexto de los mass media. En la posverdad, el contexto tiene una importancia fundamental. La definición oficial, la del diccionario de Oxford, hace hincapié en el contexto, en la circunstancia.

«Adjetivo que denota o se refiere a unas circunstancias en las que las apelaciones a las emociones y a las creencias personales influyen más en la formación de una opinión pública que los hechos objetivos».

Oxford cataloga posverdad como adjetivo de una circunstancia, mientras que su uso tanto en castellano como en inglés es de sustantivo. El adjetivo describe una característica mientras que el sustantivo dice lo que es. Al sustantivarse, la posverdad es en sí la circunstancia en la que las emociones y creencias validan los juicios de la opinión pública con indiferencia del hecho objetivo, define Oxford. Aplicando teoría de la comunicación a esta definición, nos encontramos que:

- Prevalece el contexto comunicativo.

- No se define emisor.

- No se especifica canal.

- Los mensajes o discursos son apelaciones a la emoción y a la creencia

- El receptor es la opinión pública.

- El efecto de la posverdad es que la opinión pública deja de estar fundada sobre hechos objetivos.

La opinión pública tiene una función regulativa y es principalmente declarativa. Sirve una función regulativa de lo público. Para Platón y para Habermas es un tipo de conocimiento. Platón escribe que *dòxa*, opinión, es un conocimiento de lo aparente distinto al conocimiento de lo verdadero. En el mito de La Caverna previene de ese conocimiento fundado en sombras, en imágenes especulares que no conducen a la verdad. Un término lingüístico surge para designar una realidad nueva, distinta. La posverdad emerge en un contexto en que la posmodernidad ha introducido el fragmento, el modo generalizado en los medios de información y comunicación, y la perspectiva de sentido, y sustituye con ellos a los grandes relatos portadores de valores humanos como explica Lyotard, y a la verdad unitaria del proyecto ilustrado de la modernidad Innerarity. Verdad y posverdad guardan una evidente discrepancia marcada por el prefijo pos-, que nos sitúa en un «más allá», un «después de». ¿Qué puede entenderse por «más allá de la verdad», por «después de la verdad» y cómo valida este «más allá» al mundo real del término posverdad? Abordar la verdad supone un orden ontológico, pero también un orden axiológico. En palabras de Innerarity (1987), verdad es el enlace legítimo entre conciencia y mundo, fuera del dominio o el interés, luego la verdad es un valor supremo de validación y justificación del mundo y de lo real. La lógica formal nos enseña que la verdad o falsedad está en los enunciados, y la validez o invalidez en el juicio. Para Aristóteles la verdad está en el juicio y en la cosa, en el hecho, en el acto y el enunciado. La tradición de la verdad en el juicio fue continuada por

Kant con «la verdad no está en el objeto en cuanto intuido sino en el juicio en cuanto pensado». La verdad para Heidegger no está en el juicio sino en la cosa, en su ser verdadero, y se muestra en el enunciado verdadero, escribe en *Ser y tiempo* (1927). Al recuperar la filosofía antigua la *aletheia*, la desocultación, la «cosa obvia», como fenómeno originario de verdad, desdice a aquéllos que sostienen que la verdad está en el juicio. Wittgenstein mantiene la verdad en el enunciado, en la proposición; la verdad es una cualidad esencial de la proposición que describe el estado de la cosa, mientras que el sentido es una figura, una representación del estado de la cosa. Wittgenstein señala una diferencia ontológica entre verdad y sentido. Verdad es esencial y presente en la cosa, mientras que sentido es una representación, una apariencia, que está en el orden de lo posible, de la contingencia. Si la verdad es el enlace legítimo entre conciencia y mundo, la posverdad supone una desviación de esta conciencia legítima que afecta a la correcta asignación de verdad y validez. La posverdad miente y distorsiona los juicios y el sentido de lo verdadero.

Desde la perspectiva de Wittgenstein, la posverdad está en el orden del sentido, de la representación, no en el estado de la cosa, no en la verdad que muestra el enunciado que describe. De hecho, los mensajes de la posverdad, las apelaciones a la emoción y a las creencias personales que describe Oxford, que podrán ser por caso una música o una imagen dramática, no pueden someterse al juicio de verdad o falsedad propios de una proposición. Una proposición es una descripción de un estado del mundo, de un objeto, de un hecho, de una persona. Es una descripción. La música es una apelación emocional, no describe, hace sentir, da sentido, y la imagen puede describir, pero también apelar a la emoción o al sentido. Están en el orden de la disposición, del afecto, de la cosmovisión; planos que pertenecen al sentido, a la representación, no a la verdad, no a la cosa.

Posverdad, por lo tanto, no podemos considerarla antónimo de verdad, que sería falsedad, porque pertenecen a órdenes distintos, el orden de la proposición y el orden del sentido. Sin embargo, la posverdad pueda negar, manipular, distorsionar o reemplazar a la verdad. Tampoco posverdad es sinónimo de mentira, a pesar de que la mentira es parte de la posverdad, pero no son sinónimos porque la naturaleza de la mentira es intencional y consciente mientras que la posverdad puede ser producida inconscientemente por el error, la negligencia, la inexactitud, factores emocionales –como el deseo–, la ideología, los prejuicios o las creencias previas, o derivada de la estructura social y política y económica, además de por la mentira, el engaño y la falsedad. La posverdad puede apoyarse en un sentido falso de un enunciado verdadero y también en un sentido erróneo, desviado, sesgado o sobredimensionado que no llega a faltar a la verdad sin ser verdad ni falsedad. Puede ser una parte de la verdad, o una perspectiva de la misma que no da cuenta del todo. El arranque de la posverdad puede ser el error, un malentendido, una broma, una verdad sacada de contexto, o una media verdad. La posverdad combina verdad/falsedad de enunciados con validez e invalidez de juicios. Puede surgir de inferencias inválidas de enunciados verdaderos o de enunciados falsos, o de inferencias válidas de enunciados falsos, e incluso de inferencias válidas de enunciados verdaderos si a ellas se aplica un sentido supeditado a creencias personales o a emociones, como señala Oxford. La posverdad tiene lugar por el poder del deseo de confirmación de nuestras propias creencias y porque la educación en el pensar y enjuiciar no se cuida en nuestros días.

Con la posverdad, el juicio de los asuntos públicos no considera prioritario el hecho objetivo, explica Oxford. El deterioro de la idea de objetividad se produce con la entrada de la perspectiva que introduce la posmodernidad y recogen las filosofías de las diferencias. El posfactualismo, fenómeno vinculado a la posverdad, pone en suspenso la objetividad del hecho que queda abierto a la perspectiva, a la subjetividad. Han añade como *pathos* contemporáneo el dataísmo, la supremacía del valor del dato al que se le confiere mayor objetividad y por tanto de credibilidad, con rango para considerarse verdad frente a otras pruebas o consideraciones de verdad. Una desviación de la que se beneficia la posverdad ya que lo creíble da verosimilitud, es decir, apariencia de verdadero, aunque puede no ser verdad.

Un juicio no tiene carácter ontológico como asignan Heidegger y Platón, entre otros, a la verdad; un juicio tiene carácter axiológico y ético, ya que supone una asignación de valor, ya sea de verdad o validez. Un juicio acepta o rechaza, valora, interpreta, da sentido, que recordando a Wittgenstein es una representación. El juicio de la opinión pública en una circunstancia de posverdad se basa en emociones y creencias antes que en hechos. El efecto de la posverdad que resalta Oxford es su afectación en los juicios de la opinión pública. La opinión pública es principalmente comunicativa, es una expresión, pero esa expresión puede incluir acción como en una protesta o un voto. La opinión pública, que con su voto decide un gobierno en sociedades democráticas y con su juicio regula las costumbres públicas de una sociedad, ha sido definida por Rousseau como la voluntad del pueblo; es un ejército racional-crítico para Habermas; o una ley, según Locke. Todas estas acepciones de opinión pública tienen carácter de juicio. Es una expresión que asigna un valor a los asuntos públicos. Según Habermas no hay opinión pública sin información libre porque solo así el ciudadano puede hacer un ejercicio racional de juicio, el opinar, sobre los hechos públicos. En la posverdad no hay apelación a lo racional. La posverdad y sus apelaciones a las emociones y a las creencias personales están lejos del espíritu ilustrado que condujo al surgimiento y reconocimiento de la opinión pública como actor social. Pero ni siquiera esos ilustrados consiguieron eliminar de la opinión pública su carácter emocional.

Nutren la posverdad los gobiernos, los políticos, las grandes empresas, las ficciones, los entornos sociales, culturales y familiares, las estructuras de producción y distribución de información y cada ciudadano al hacer un juicio de los asuntos públicos. Muchas de estas fuentes de posverdad son ya descritas por Lewansdonsky como fuentes de desinformación en una investigación sobre revisión de creencias que da cuenta de la dificultad de modificar una creencia una vez interiorizada y por tanto creída. En algún experimento descrito, ninguno de los sujetos corregía la creencia implantada pese a que se le demostrara su falsedad o se justificara un error. Ninguno interiorizó la rectificación pese a aceptarla. Este tipo de experimentos, muchos de ellos realizados antes de la llegada de internet, presentan la resistencia a asimilar rectificaciones, lo que muestra lo ventajoso que puede llegar a ser una mentira o una manipulación de sentido. La desinformación provoca y distribuye posverdad, los medios de comunicación al distribuir posverdad le dan credibilidad. En el contexto presente, de superabundancia informativa antes desconocida, en el que el término ha surgido, la información se ha transformado en comunicación y es más cercana a la publicidad y el espectáculo, la desinformación y la información se entrecruzan y entremezclan, y dan pie a la circunstancia de la posverdad o bien son el contexto apropiado para que se manifieste. El ciudadano no se sirve de herramientas racionales para discriminar información, quizás porque no las conozca o por desinterés, y en su lugar funda sus opiniones públicas en emociones y creencias. Las estructuras de información son empresas y el periodista emite mensajes sin corroborar por esa tendencia a primar comunicación sobre información, adaptados a su vez a la tecnología de los medios audiovisuales ligados al directo, al en vivo, que han acelerado el ritmo de la información al que se le exige ya la simultaneidad. En la horizontalidad de internet, todos somos periodistas. Cada usuario en su muro de red social edita su propia selección de noticias que distribuye a sus allegados que a su vez distribuyen a sus allegados, en la repetición de lo mismo que es para Han la red, el enjambre. Esta usurpación del papel del periodista contribuye a que la posverdad en internet se distribuya valoraciones de asuntos públicos dentro del flujo constante a velocidad de click. El usuario no aplica las herramientas del periodista, ni siquiera las conoce, y en la circunstancia posverdad enjuicia en función de sus creencias y emociones el valor de verdad.

Nos encontramos, por tanto, con un fenómeno que admite la ambigüedad de ser una constante en la historia del ser humano y presentarse a su vez de manera distinta en cada etapa en función de la sociedad y la técnica que la sostiene. Por eso entre los partidarios de que es un fenómeno antiguo y los que entienden que es fenómeno nuevo hay que hacer una síntesis que recoja la tradición para aplicarla a la manifestación actual que presenta y que ha sido designado como posverdad. Hay que aplicar los métodos de discernimiento de la verdad que ya conocemos en filosofía y hay que enseñar a los ciudadanos a usarlos. Hay que atender a los medios de información y a su deber con la opinión pública. Solo así podremos preservar la democracia.

2. Análisis práctico de la posverdad desde una perspectiva mediática. Implicaciones para el Estado de Derecho.

La segunda parte de esta comunicación tiene como objeto, a partir de un análisis de contenido cualitativo de información periodística, demostrar cómo determinados hechos o acontecimientos de carácter judicial, especialmente los que incorporan elementos especialmente llamativos y sensibles como son menores, maltrato, etc., son expuestos en los medios de una forma más cercana a la apelación de los sentimientos y la confirmación y creación de creencias, valores y juicios, que en base a criterios de rigurosidad, objetividad o calidad informativa.

De esta forma, hemos elegido un tema que desde 2016 ha ocupado un lugar destacado en los medios de comunicación, principalmente andaluces, pero también de ámbito nacional. Se trata del "caso Juana Rivas".

Juana Rivas es una madre granadina que no atendió una resolución judicial que la obligaba a devolver a sus hijos a su exmarido en Italia, donde vivian los menores con su padre, amparándose en una sentencia de 2009 en el que éste fue condenado por maltrato a tres meses de cárcel. Tras varias semanas escondida, y ante la acusación de secuestro, entrega a sus hijos. *El Juzgado de lo Penal nº1 de Granada, en la sentencia 257/18 de 18 de julio (y publicada el 27 de julio), condenó a Juana Rivas Gómez a un total de cinco años de prisión y a la privación de la patria potestad de sus dos hijos menores durante seis años por la sustracción*[38].

---

[38] http://noticias.juridicas.com/actualidad/noticias/13205-el-juzgado-de-lo-penal-nordm;1-de-granada-condena-a-juana-rivas-a-5-anos-de-prision-por-sustraccion-de-menores/

Este caso reunía una serie de elementos que, desde el punto de vista periodístico, lo convertían en un hecho noticioso de alto impacto social, al contener unos rasgos tan básicos como complejos: una madre que lucha por la custodia de sus hijos ante una situación repetida de maltrato y violencia doméstica, retando los sistemas judiciales de dos países. Estos elementos no solo lo convierten en un hecho de alta relevancia y de atención social y mediática, además es objetivo del uso de rasgos de la posverdad. Como hemos visto, no podemos decir que posverdad sea igual a mentira, sino que tenemos que vincular ese fenómeno a recursos con los que, sin alejarse en exceso de la realidad de los hechos, ésta se vea realmente comprometida, por ejemplo, por el sensacionalismo, la apelación a los sentimientos frente a los hechos y la pérdida de valores.

Precisamente, suelen ser los temas más sensibles socialmente y que responden a criterios de noticiabilidad claramente establecidos (Gómez Mompart, 2013), los que se convierten en objeto más que frecuente de un tratamiento sensacionalista en los medios de comunicación (p. 773) con el objeto no solo de atraer la atención del lector/espectador, sino de mantenerla, incluso cuando su novedad se ha diluido y su importancia también. Y es que, las informaciones sobre sucesos y en gran medida las de tribunales adquieren las características de los hechos que narran.

Además, con la progresiva tendencia a la "*judicialización de la vida pública*" el campo de influencia del ámbito jurídico ha crecido de modo espectacular. El acceso a la información judicial, y previamente a los hechos que la motivan, es un derecho consolidado en España por el *Artículo 20* de la Constitución. Sin embargo, el uso de este derecho no puede ser excusa para arrebatar a los ciudadanos otros como el derecho al honor, la imagen, la protección y la presunción de inocencia.

Por otra parte, en el mundo digital de la información y de las redes sociales, el rol del usuario de la información ha cambiado y ha pasado a convertirse en un nuevo comunicador (Casero, Ortells, y Doménech, 2013, p.55), adquiriendo estos mensajes credibilidad ya que no se le exigen los mismos requisitos que al periodismo de calidad.

Por otra parte, la pérdida de calidad de los productos periodísticos está vinculada, entre otras razones a la pérdida de valores. *Los valores son para los periodistas, principalmente, el cumplimiento de las reglas profesionales: contraste de noticias, neutralidad, rigor y honestidad* (Parreño. 2015, p. 9).

3. Análisis de textos. Metodología

Para poder valorar la calidad de los textos periodísticos (Pellegrini, Puente, Porath, Mújica, Grassau. 2011), tanto en edición online como impresa, hemos identificado una serie de variables que nos puedan mostrar aquellos rasgos de posverdad en los mismos, y que están vinculados tanto con el proceso de elaboración del texto, de la selección de los hechos o datos relacionados con la noticia, el espacio que ocupa la información en el medio y su entorno, así como el uso de con imagen complementando o cargando de significado al texto.

Hemos realizado un análisis cualitativo de contenido periodístico desde el punto de vista argumental (Parreño, 2015), partiendo del titular, y sobre éste, el análisis del lenguaje y la construcción del texto. (p. 1140). El lenguaje y la construcción del titular nos dan una serie de claves sobre la calidad del texto, así como de la intencionalidad del periodista y del medio, remitiéndonos al espacio reservado a la emoción y las creencias, frente al espacio reservado a los hechos. No se ha analizado el texto, que será objeto de análisis en una futura investigación.

El género periodístico puede determinar el tipo de titular. El texto de opinión y el texto informativo e interpretativo presentan unos titulares totalmente diferentes. En este trabajo trataremos de confirmar esta dinámica o bien, veremos cómo los textos informativos están incorporando a través del lenguaje apelaciones a los sentimientos y generando juicios paralelos en sus titulares (Casal, 2005).

En el caso del análisis de las imágenes que acompañan a los textos, la imagen y el titular del texto son la primera referencia para los lectores (Minervini y Pedrazaini, 2004, p. 2). La complementariedad del titular y la imagen ayudará al sujeto lector a crear en su mente una primera valoración, tanto acerca del interés del texto como del sentido y significado del mismo. Esto es más inmediato en las ediciones online.

En las ediciones online, el lector tendrá como primera y más importante referencia el titular y la imagen. La inmediatez es uno de los valores que caracteriza a la información de la edición digitalizada de los medios de comunicación. Sin embargo, resulta llamativo que los avances tecnológicos y la sobreexposición a las redes sociales, como fuente de información para gran parte de la sociedad, se han convertido en una amenaza para el periodismo de calidad. Teniendo en cuenta este aspecto, vamos a analizar el papel que tiene la imagen como elemento que viene a reforzar el significado del sentido del titular y, como consecuencia, su impacto en el lector.

Por último, la ubicación de la información y portadas. En el caso de la información en prensa escrita, e incluso en los medios online, la influencia de la información que acompañe a los textos informativos, interpretativos o de opinión va a afectar al contenido y determinar el sentido de la información con respecto al usuario de esa información.

Acerca de los textos analizados, hemos realizado, sobre este caso, una selección de informaciones publicadas desde el 27 de julio de 2017, día en el que Juana Rivas desaparece con sus hijos, hasta el 28 de julio de 2018, en las ediciones impresas de los diarios *El Mundo*, *El País* y ABC tanto en la edición regional como nacional. Estas dos fechas responde a dos hitos en la historia y en el caso Juana Rivas, la huida y la publicación de la sentencia del juicio al incurrir en un hecho delictivo.

La búsqueda abierta con los valores "*Juana*" AND "*Rivas*" en la hemeroteca digital de prensa escrita MYNEWS, en los diarios nacionales y con edición en Andalucía durante el periodo de análisis elegido, nos ofreció 600 resultados, muchos de ellos repetidos en ambas ediciones. A partir de ahí se hizo un primer cribado atendiendo a los criterios de análisis que se describirán a continuación, lo cual redujo la muestra a 161 informaciones, de las cuales 40 respondían claramente a los criterios de análisis y variables seleccionadas que veremos a continuación. De estos 40 textos vamos a presentar los 11 más representativos para este trabajo.

4 Posverdad en la información de sucesos y tribunales.

4.1 Apelación al dolor/emoción VS Estado de Derecho.

Víctimas y Presunción de inocencia

"**Juana Rivas no entrega a sus hijos al maltratador.** La madre de Granada no se presentó ayer en el punto de encuentro. El Mundo. Sociedad. 27 de julio de 2017"

Tras analizar los textos atendiendo a las variables seleccionadas, podemos ver que, de forma general los titulares hacen una clara y dramática apelación al dolor y a la emoción, frente a los datos objetivos de la acción que ha llevado a este hecho a convertirse en objetivo de atención noticiosa.

Si atendemos a los hechos veremos que la acción protagonizada por Juana Rivas es un atentado al estado de derecho puesto que está violando una resolución judicial, a partir de la cual el padre de sus hijos tiene la custodia de los mismos, por lo que huir de la justicia sin paradero conocido y sin dejar rastro constituye un hecho delictivo.

Junto a esto, la referencia al maltrato, llamando además "maltratador" al padre, e ignorando los procesos judiciales a los que se estaba enfrentado la pareja, en ese momento concreto, sin que existiese una sentencia firme, hace que también ignore los procesos que ya se habían cerrado anteriormente en los que el ex marido de la protagonista no resultó condenado. De esta forma, el propio medio es el que realiza un ataque directo hacia una persona, acusándolo y sentenciándolo, provocando con ello un juicio de valor en los lectores, claro y contundente.

Figura 1: El Mundo. Sociedad. 27 de julio de 2017

Juana Rivas como víctima del sistema Judicial.

*"**El TC no ampara a Juana Rivas.** El Constitucional rechaza el segundo recurso presentado por sus abogados al hacerlo fuera de plazo. Destaca que sus representantes legales actuaron de manera "improcedente" y aboca a la madre a entregar a sus hijos. El Mundo. Sociedad. 17 de agosto de 2017".*

El hecho que presenta la información es que el Tribunal Constitucional ha rechazado un recurso de Juana Rivas por un defecto de forma, el medio presenta la información muy alejada de la realidad judicial y administrativa. En el titular vemos cómo se presenta la información, ocultando realmente la causa del "no amparo" de la justicia a Juana Rivas, lo cual la convierte en una víctima del sistema judicial.

En este caso, como consecuencia de la economía del lenguaje, el medio apela claramente a un sentimiento de rechazo ante un sistema judicial que "desampara" a una madre. La imagen refuerza esta idea, presentando a la protagonista de la información con sus dos hijos menores en una escena familiar.

Figura 2: El Mundo. Sociedad. 17 de agosto de 2017

Juana Rivas como víctima de su entorno.

Cuando se conoce la sentencia los medios de comunicación dividen su postura y la información se presenta desde diferentes puntos de vista:

En primer lugar, el rol de la protagonista cambia, ahora Juana Rivas es víctima de su entorno: "*Juana ya tiene casa. Me gustaría que concediesen el indulto a la aturdida Juana Rivas; pero mucho más que mandasen a la cárcel a la caterva que sacaron tajada de su dolor. ABC Opinión. 28 de julio de 2018*".

EL ÁNGULO OSCURO

JUAN MANUEL DE PRADA

JUANA YA TIENE CASA

Me gustaría que concediesen el indulto a la aturdida Juana Rivas; pero mucho más que mandasen a la cárcel a la caterva que sacaron tajada de su dolor

UNA RAYA EN EL AGUA

IGNACIO CAMACHO

LA CRISIS DE LA LUNA LLENA

El Gobierno «bonito» tiene en el Estrecho una crisis muy fea, porque la política de escaparate no sirve en la frontera

JM NIETO *Fe de ratas*

Figura 3: ABC Opinión. 28 de julio de 2018

Además, se presentan claramente las consecuencias desde el punto de vista judicial de una actuación contraria a la ley: "*El juez condena a Juana Rivas a prisión: Explotó el argumento del maltrato. El fallo incluye seis meses de inhabilitación para la patria potestad de sus dos hijos. ABC. Sociedad. 28 de julio de 2018*".

Figura 4: ABC. Sociedad. 28 de julio de 2018

Hemos destacado estas dos informaciones del diario ABC, pues hemos comprobado que, en todo el proceso, desde la huida hasta la publicación de la sentencia, los medios de comunicación han presentado un fenómeno de sincronismo, es decir, en el mismo medio se han presentado las dos versiones

Ubicación de la información en el medio

Las noticias que rodean esta información, en la que se destaca un testimonio de la madre, aumentan el estado de alarma social. En las dos informaciones que hemos seleccionado vemos cómo se presenta la información sobre Juana Rivas como un destacado dentro de una información sobre violencia machista con titulares muy impactantes.

En la primera imagen, en la misma página de El Mundo, Sociedad de 28 de julio de 2018, encontramos tres informaciones que viene ,unas junto a las otras, a reforzar el efecto dramático que se pretende provocar en el lector. En la que se refiere a Juana Rivas tras la publicación de la sentencia, encontramos en el titular una frase literal de la misma: *"**Juana Rivas <<No le di a mis hijos porque no quería más torturas>>**. La madre gaditana se enfrenta a 5 años de prisión por el presunto rapto de los dos niños"*.

Junto a ésta, encontramos otra información directamente relacionada con el tema de violencia de género: *"**La madre de Tenerife murió estrangulada y sus dos hijas asfixiadas**. Las autopsias revelan que fallecieron dos días antes de que se hallasen los cuerpos"*. En este caso, el paralelismo en el perfil de los protagonistas de la información potencia, sin duda, el impacto de la información sobre Rivas apelando a las emociones y a la alarma social, descargando a Juana de su culpa, en contra de lo que dicta la sentencia, y volviendo el foco hacia el tema del maltrato, como justificación de todos sus actos.

Figura 5: El Mundo, Sociedad de 28 de julio de 2018

En ABC, Andalucía, 18 de febrero de 2018, meses antes de la publicación de la sentencia por la huída de Juana Rivas, fue condenada a pagar a su expareja los gastos ocasionados por esta fuga.

Junto al titular de esta resolución "**Juana Rivas, condenada a pagar 1920 euros a su expareja**", encontramos una información sobre violencia de género, "**Mata a su pareja de 44 años en un pueblo de Málaga asestándole 30 puñaladas.** *El agresor, detenido en Marbella, tenía una denuncia de otra pareja por maltrato*". La intención del medio de vincular el caso de Juana Rivas exclusivamente con el maltrato, justificando de esta forma su acción, es más que manifiesta. Por si nos quedara alguna duda, la información sobre Rivas aparece dentro de la principal, como si fuese un destacado de la información principal.

Figura 6: ABC, Andalucía, 18 de febrero de 2018

Relevancia de la Imagen

En esta portada de ABC d**el 28 de julio de 2018, recién publicada la sentencia, vemos un titular escrupulosamente informativo "Pena de Cárcel para Juana Rivas.** *El juez concluye que la madre de Maracena <<explotó el argumento del maltrato>> para sustraer a sus hijos"*, junto a una imagen de Juana Rivas que apela directamente a la emoción y a la empatía del lector hacia la protagonista de la información.

No podía ser de otro modo, precisamente cuando los medios también "explotaron" el argumento del maltrato, generando con ello y alimentando el fuerte apoyo social hacia la figura de Juana Rivas.

Figura 7: ABC el 28 de julio de 2018

Géneros periodísticos

Hemos podido comprobar que son los editoriales los que centran la atención en el hecho objetivo del caso, es decir en el hecho judicial, mientras que en las columnas de opinión se mezcla la apelación a las emociones con la defensa del sistema judicial. Hemos destacado tres editoriales de tres medios diferentes:

- ABC Editoriales. 17 de agosto de 2017. **"Juana Rivas tiene que terminar su huida"**.

- El País. Editorial. 25 de agosto de 2017. **"Juana Rivas y la Ley**. La Justicia debe adoptar medidas para salvaguardar los derechos de los menores".

- El Mundo Opinión. 28 de julio de 2018. **"Rivas: las consecuencias de saltarse la justicia"**.

Figura 8: ABC, 17 de agosto de 2017

Figura 9: El País, 25 de agosto de 2017

Figura 10: El Mundo, 28 de julio de 2018

En el editorial, los medios se posicionan claramente en el espacio de los hechos, del lado de la defensa del sistema judicial y del Estado de Derecho. Sin embargo, los ejemplos anteriores nos confirman que los medios de comunicación cuando nos han contado el proceso se han dirigido directamente al corazón y las entrañas del lector, apelando a sus sentimientos y provocando un posicionamiento social en el espacio de las emociones.

5. CONCLUSIONES

Del análisis de los textos que hemos visto anteriormente, podemos extraer las siguientes conclusiones:

- No hay ninguna noticia falsa. Las Fake News son una manifestación de las muchas que tiene la posverdad.

- Desde parámetros informativos, se reemplaza parte objetiva por la parte emocional.

- Todos los medios han potenciado el carácter de posverdad.

- La imagen ha sido especialmente importante para reforzar el sentido y el enfoque de la información, especialmente en el espacio de los sentimientos.

- Ubicación y lo que tiene alrededor. En el caso de la información en formato digital, lo que va antes contagia lo que va después

- Sincronismo. En el mismo medio se han presentado las dos versiones

- Los textos informativos e interpretativos enfatizan más aquellos recursos que apelan a las emociones

- Los textos de opinión, y especialmente los editoriales, apelan directamente al hecho judicial

- Es preciso llamar la atención sobre algo muy sensible cuando se trata de información tan sensible y presentada desde parámetros de posverdad: hay que tener un especial cuidado con derechos fundamentales de cada una de las partes: presunción de inocencia, derecho a la imagen y honor.

Referencias bibliográficas

Casals Carro, M.J. 2005. Periodismo y sentido de la realidad. Teoría y análisis de la narrativa periodística. Ed. Fragua. Madrid.

Casero, A. Ortells, S. y Doménech, H. (2013) Las competencias profesionales en periodismo:una evaluación comparativa. Historia y Comunicación social. Universidad Complutense de Madrid

Gómez Mompart, J.L. (2013) La calidad Periodística. Servei De Publicacions, Universitat de Valencia.

Han, B. (2014) En el enjambre. Herder Editorial. S. L. Barcelona.

Heidegger, Martin. Ser y tiempo. Prólogo, Trad, y Notas: Jorge Eduardo Rivera Cruchaga. Ed. Trotta. Madrid, 2016, 2a edición.

Lyotard. J.F. (2000) La condición postmoderna. Ed. Cátedra. Madrid,

Minervini, M.; Pedrazzini,A. (2004) El protagonismo de la imagen en la prensa. Revista Latina de Comunicacion Social, nº58.

Parreño Rabadán, M. (2015). La calidad periodística mediante el análisis del discurso de los profesionales de la información. Estudios sobre el Mensaje Periodístico. Vol. 21, Núm. 2. Madrid, Servicio de Publicaciones de la Universidad Complutense.

Pellegrini, S.; Puente, S.; Porath, W.; Mújica, C.; Grassau, D. (2011). Valor agregado periodístico La Apuesta por la Calidad de las Noticias. Eds Universidad Católica. Santiago de Chile.

Price, V. (1994) La opinión pública. Esfera pública y comunicación. Ed. Paidós Ibérica, S.A. Barcelona.

Vallejo, A. De los sofistas a Platón y la Academia. Texto facilitado por el profesor Álvaro Vellejo.

VV.AA. (2017) En la era de la posverdad. Ed. Calambur. Barcelona.

Innerarity, D. (1987) Modernidad y posmodernidad. Revista DADUN.

Pérez Tapias, J. A. Haciendo frente a la infamia de la "posverdad". Nuevo capítulo en una vieja historia de hipocresía y cinismo. Revista Éxodo, n. º 138.

Lewandowsky Stephan, Ullrich K. H. Ecker, Colleen M. Seifert, Norbert Schwarz, and John Cook. (2012). Misinformation and its correction: continued influence and succesful debaising. Aps Assosiation for Psychological Science.

*Este libro se terminó de elaborar en julio de 2019
en la ciudad de Sevilla, bajo los cuidados de
Francisco Anaya, director de Ediciones Egregius.*